首都经济贸易大学会计学科·青年学者文库

本书出版得到了首都经济贸易大学新入职青年教师科研启动基金项目（XRZ2021061）的支持，特此感谢。

# 商业模式类型与企业融资决策

## ——基于我国创业板上市公司数据的研究

王储　著



中国财经出版传媒集团
中国财政经济出版社

**图书在版编目（CIP）数据**

商业模式类型与企业融资决策：基于我国创业板上市公司数据的研究／王储著．--北京：中国财政经济出版社，2023.2

（首都经济贸易大学会计学科·青年学者文库）

ISBN 978-7-5223-1876-9

Ⅰ.①商…　Ⅱ.①王…　Ⅲ.①上市公司-商业模式-关系-企业融资-研究-中国　Ⅳ.①F279.246

中国国家版本馆CIP数据核字（2023）第018349号

责任编辑：马　真　　　　责任校对：张　凡

封面设计：智点创意　　　　责任印制：党　辉

**商业模式类型与企业融资决策**

——基于我国创业板上市公司数据的研究

**SHANGYE MOSHI LEIXING YU QIYE RONGZI JUECE**

JIYU WOGUO CHUANGYEBAN SHANGSHI GONGSI SHUJU DE YANJIU

中国财政经济出版社 出版

**URL**：http：//www.cfeph.cn

E-mail：cfeph@cfeph.cn



社址：北京市海淀区阜成路甲28号　邮政编码：100142

营销中心电话：010-88191522

天猫网店：中国财政经济出版社旗舰店

网址：https：//zgczjjcbs.tmall.com

北京财经印刷厂印刷　各地新华书店经销

成品尺寸：148mm×210mm　32开　7.25印张　183 000字

2023年2月第1版　2023年2月北京第1次印刷

定价：35.00元

ISBN 978-7-5223-1876-9

（图书出现印装问题，本社负责调换，电话：010-88190548）

本社质量投诉电话：010-88190744

**打击盗版举报热线：010-88191661　QQ：2242791300**

# 前言

本书是在笔者博士论文的基础上修改完成的。进入21世纪以后，随着以互联网为代表的新兴技术不断发展，无论是企业参与交易的方式还是消费者对产品及服务的要求都发生了颠覆性的变化，因此商业模式在企业经营过程中正在发挥日益重要的作用。学术界在捕捉到这一现象之后对商业模式的概念、构成和经济后果等问题展开了一系列探讨，在经过由技术到组织，最终落脚于战略管理的理论演进之后，商业模式已然成为解释不同企业之间业绩差异的重要因素，并与公司财务领域构成了对接关系。但由于商业模式本身不具备统一的定义，其度量与刻画也相对较为困难，因此有关商业模式与企业具体财务决策之间的关系研究成果相对匮乏，视角也较为单一。但无论是从理论发展还是企业管理实践的角度来看，探讨商业模式对企业融资决策的影响都十分具有必要性：首先，资本结构理论在脱离传统经济学的研究范式后开始重点关注外部经济环境对企业融资行为的影响，这一分析路径与战略管理理论的主要思想不谋而合，但将战略管理理论引入资本结构理论研究框架时存在的一个主要问题就是缺乏必要的中间机制。商业模式作为企业战略的延续和实现，恰好可以填补上述分析链条中的逻辑空白，为战略管理理论与资本结构理论的结合奠定理论基础。其次，商业模式理论发展至今需要对原有以战略管理为核心的研究框架加以突破，为此需要深入解析商业模式对企业内部其他经济行为或经济决策的影响。而作为公司财务中最为重要的决策项目之一，融资决策的制定通常需要考虑对企业既有的战略和与之相对应的资源配置结构进行有效支持，这就为商业模式理论与公司财务理论的对接以及商业模式理论的拓展创造了良好的空间。最后，在商业模式应用最多的创新创业企业情境中，盈利能力通常并不是外部资本提供者最优先考虑的因素，长期的发展前景和增长逻辑在企业获取外部融资支持时更具备说服力，而上述因素通常是由企业的商业模式决定的，因此系统探讨商业模式对企业融资决策的影响可以为创新创业企业的管理实践提供重要的借鉴意义。

本书的研究目标是以我国创业板上市公司作为研究对象，考察商业模式类型对企业融资决策的影响。为此，首先需要解决的就是商业模式的分类和度量问题。Zott 和 Amit（2007，2008）曾提出过一个以上市公司公开披露的信息为基础对其“效率”和“新颖”两类商业模式的倾向性进行评价和计量的完整体系，但根据后期学者实际应用的情况来看，这一评分体系仍存在一些问题。本书从以下三个角度对 Zott 和 Amit（2007，2008）的商业模式评分量表进行了改进：（1）将明显表义重复的评分项目予以合并，并将同类的评分项目加以整合，以方便评分者理解各项评分项目的含义并顺利完成评分操作；（2）删除了部分晦涩难懂的评分项目，并将相对抽象的评分项目通过企业实施的具体经济行为加以刻画，从而降低了评分者的实际工作难度；（3）针对每一个具体的评分项目制定出详细的、可操作的评分标准，同时设置了配套的一系列完整的、合理的评分结果复核机制，以确保本书研究中所得到的商业模式评分是客观而准确的。在对我国创业板上市公司的效率型商业模式倾向性得分和新颖型商业模式倾向性得分情况进行统计后，本书发现传统行业中实施技术革新的企业不在少数，同时对于单一企业而言很难实现效率型商业模式和新颖型商业模式两者之间的兼顾。

以通过上述评分体系所得到的效率型商业模式倾向性得分和新颖型商业模式倾向性得分为基础，本书考察了不同类型的商业模式倾向性水平如何影响企业的资本结构调整决策以及商业信用水平，研究发现：效率型商业模式倾向性水平越高，企业实际资本结构偏离目标资本结构的程度越大，新颖型商业模式倾向性水平越高，企业实际资本结构偏离目标资本结构的程度越小，上述相关关系在融资约束程度较高的企业样本中成立，在低融资约束条件下不成立；债务融资成本反向调节新颖型商业模式倾向性水平与资本结构偏离度之间的关系，无形资产比重正向调节效率型商业模式倾向性水平与资本结构偏离度之间的关系；整体上来看，我国创业板上市公司的资本结构调整速度处在一个偏低的水平，其中以新颖型商业模式为主导的企业资本结构调整速度高于以效率型商业模式为主导的企业；效率型商业模式倾向性水平越高，企业的商业信用水平越高，新颖型商业模式倾向性水平越高，企业的商业信用水平越低，上述相关关系在企业处在较高的市场地位时成立，在低市场地位条件下不成立；产品市场竞争的激烈程度正向调节新颖型商业模式倾向性与商业信用水平之间的关系，国有股权性质反向调节效率型商业模式倾向性与商业信用水平之间的关系；整体上而言，我国创业板上市公司的商业信用与短期银行借款之间存在明显的替代效应，其中以新颖型商业模式为主导的企业其商业信用对短期银行借款的替代作用要高于以效率型商业模式为主导的企业。上述主要研究结论在实施了必要的稳健性测试程序后依然成立。

受限于创作时间、笔者的精力及研究水平，本书不可避免地存在一些问题，如研究样本数量偏少，未能就企业战略、商业模式和融资决策三者之间的关系展开更深层次的研究等，但上述问题并不影响本书的研究贡献。从国内外研究的进展来看，本书是第一篇系统探讨商业模式类型与企业融资决策这一问题的研究文献，研究成果可以对战略管理理论、商业模式理论、动态资本结构理论和商业信用理论构成有效补充。另外，本书研究可以为促进我国创新创业型企业制定正确的融资决策、提高外部投资者制定资本配置决策的效率、强化监管部门监控企业财务风险的能力等实践工作提供必要的理论支持和借鉴意义。

**王储**

2022 年秋于首都经济贸易大学会计学院

# 目 录

# 第1章

# 绪 论

## 1.1 研究背景与问题的提出

近年来，随着以互联网为代表的信息技术不断发展，无论是企业的生产方式还是消费者对产品及服务的要求都发生了颠覆性的变化。以德国提出的“工业4.0”为标志，信息化、物联化、定制化的生产逐渐在制造业占据主导地位。按照社会各界所达成的共识，以智能化生产为代表的工业4.0时代已然成为自蒸汽时代（1.0）、电气时代（2.0）、信息化时代（3.0）之后又一个具备颠覆性工业革命意义的时间节点。2015年5月，国务院印发了《中国制造2025》战略文件，以“制造强国”作为未来10年的主要行动纲领，这就标志着我国正式进入推进新兴技术与制造业相融合、以制造业为突破口优化经济结构、以创新推动经济增长的时代。

以制造业工业4.0为代表的生产技术革新和新技术应用所带来的主要变化就是企业生产和经营方式的改变。纵观前几次工业技术革命，由技术进步所带来的生产环节改良最终将表现为企业对特定资源的依赖和产业集中效应，如蒸汽机时代企业会大量集中于煤炭产区，电气时代发电厂对于企业的战略作用最为关键，而互联网信息革命的出现则改变了企业与消费者之间的连接方式，并使得电子商务、社群等概念逐渐在经济领域发挥日益关键的作用。而与上述概念相比，工业 4.0 时代虽仍强调信息化的概念，但在智能化的领域却更胜一筹，而后者恰恰是将信息化优势进一步放大的关键所在。例如，在工业 3.0 的网络时代，虽然信息在不同经济活动参与主体之间的流转已然初具规模，但其对人工服务的依赖仍然处在一个相对较高的水平，换言之，大量的信息制造和传输工作仍由特定的人群来制定和执行。但随着工业 4.0 时代人工智能、无人机、大数据计算分析等最新技术的发展，由万物互联所带来的信息实时采集、加工和传输已然成为更具成本节约和规模化的信息流转方式。在这里可以引入车载终端领域作为案例加以说明：在工业 3.0 时代下车载终端为司机驾驶提供信息和帮助的主要方式是由广播电台实时发布的路况播报，但在工业 4.0 时代汽车内部所安装的智能终端却可以根据卫星定位技术、AI 分析技术以及与其他同类型车载终端的位置统计分析为驾驶者实时规划出最为适合的导航路线，这不仅降低了相关服务的人工成本，还大大提升了最终的行车效率。毫无疑问，由技术进步所带来的产品升级和服务形式发生改变为企业参与交易和赢取利润的方式提供了更多的选择，商业模式对于企业的生存和发展而言也变得至关重要。

就理论发展而言，尽管“商业模式”这一概念最早出现于 1957 年的文献（Bellman 等，1957），但其真正在学术界发展并得到广泛讨论之时已然是 20 世纪末期，以 Timmers（1998）、Amit 和 Zott（2001）等文章为起点。反观商业模式的实践，现今得到最大范围探讨的知名企业案例却都出自 19 世纪，诸如著名的吉列公司“剃刀与刀片”商业模式、Swift 利用冷藏技术对肉类包装行业进行的再造等（Teece，2010）。由此可见商业模式的研究与传统的经济学理论存在较大程度的区别，其并非源自传统经济问题的延伸和探索，而是基于新技术、新的企业管理实践所诞生的全新研究领域。从从属地位来看，近期商业模式的研究主要归为战略管理的范畴，并逐渐演变为战略管理领域的重要分支（Wirtz 等，2016）。尽管两者在研究内容方面存在一些共同点，如重视产业分析、价值链分析，并对核心竞争力、关键资源的获取和保持给予了足够多的关注，但从本质上来看，商业模式更加重视“结构”和“机制”，而企业战略则更加侧重“目的”和“决策”，即便在相同的目的之下对经营活动进行安排，所产生的结果也有可能存在差异，否则将无法解释不同企业之间在绩效方面的高低之分。以滴滴打车和 ofo 小黄车为例，两者均为以“抢先进入”作为主要的产品市场战略，并在占据一定的市场规模后迅速开启“烧钱、补贴”的扩张模式，甚至对外都同样打出了“共享经济”的旗号，但在经历了资本的狂欢之后却产生了一成一败的鲜明对比。究其原因，无非是 ofo 小黄车的商业模式与滴滴打车相比存在一定差距，且不具备长期盈利能力：ofo 小黄车的“共享经济”本质上是短期租赁，且需要消耗大量的资金用于单车建设投资用以抢占市场，但 ofo 小黄车除了不高的租金用以盈利之外并没有核心的获利方式，一旦资本注入乏力、资金流发生危机则势必引发无法挽回的结果；而与之相比，滴滴打车本质上是一个互联网平台，其专车、约车服务具备盘活闲置资源、解决大量劳务提供者和乘车者切实需要的优势，更为重要的是，滴滴打车的平台化运营意味着可以在现有业务和客户群体的基础上设计其他衍生业务，如外卖、广告、二手车交易等。滴滴打车的持续成长和 ofo 小黄车由盛极一时转入急速衰败的对比揭示出了商业模式设计的重要性，其不仅会影响企业短期内的盈利能力，更是决定企业能否在日趋激烈的竞争中求得生存和发展的关键要素。

由于商业模式逐渐成为一种与企业战略不同的、决定企业实际竞争能力的关键要素，有关商业模式的思考就显得格外关键：究竟何种商业模式才是优秀的、有竞争力的呢？对此，商业模式领域的先驱者之一，法国欧洲工商管理学院学者 Christoph Zott 和美国宾夕法尼亚大学沃顿商学院学者 Raphael Amit 曾专门展开研究，两位学者以“与交易者连接方式”的特征为基础将企业的商业模式划分为“效率型”和“新颖型”两类，并据此开发出了一套评分量表对190家欧洲和美国IPO企业的商业模式进行评价。通过将企业的商业模式评分与股票市值、资产回报率（ROA）等业绩指标构建回归关系，两位学者发现新颖型商业模式得分越高，企业的业绩表现也就越好（市场、盈利）。由于在该商业模式评分量表下新颖型商业模式主要关注企业对新技术的应用、交易者的丰富程度、市场潜力以及创新能力，Zott和Amit（2007）的研究似乎迎合了美国资本市场对以互联网“独角兽”为代表的创新企业的推崇与鼓励：当企业对技术、用户、市场的开发达到较高的水平时，其市场竞争力也会得到足够的保证。但若结合当时的时代背景来看，上述研究结论却无法被如此轻易解读：首先，Zott和Amit（2007）研究的样本是“直接从事互联网业务或部分业务经由互联网开展（如网络销售）”的初创企业，选择样本数据的时间为2001年前后，该时间点正是以美国为首的西方国家发生大规模互联网泡沫的年代，尽管两位学者在文章中指出系统性的非理性股票定价并不影响该文研究结论的得出，但不可否认的是市场仍有可能错估部分互联网企业“赢家通吃”的能力，这意味着即便是在互联网行业内部，由非理性市场定价所造成的影响同样十分严重。事实上，在仅仅3年之后的2004年，Zott和Amit（2007）研究所涉及的190家样本企业便有107家已然在资本市场中因破产、被并购、退市等原因消失，存活率不足50%，两位学者认为这可以有效地缓解生存者偏差，但其实这正是互联网泡沫过后所造成的市场清洗必然引发的结果。其次，作为战略管理领域的学者，Zott和Amit（2007）并没有很好地捕捉到会计准则对企业经营产生的影响。在当时的时间点，为鼓励企业实施薪酬激励方案，由股权激励计划所引发的相关成本是不计入当期费用、仅在财务报表附注中披露说明的，这就意味着企业可以在不考虑业绩影响的前提下大规模使用激励手段维持高管的工作动力，这在互联网企业中极为普遍。而这种会计处理方式所带来的结果就是企业净利润以及以ROA为代表的各项业绩指标的膨胀和虚高。直到互联网泡沫破裂后的2004年，美国会计准则委员会（FASB）才修订相关会计准则要求将股权激励的相关成本作费用化处理。也就是说，Zott和Amit（2007）的研究所观测到的由新颖型商业模式所导致的ROA提升实际上可能并不是商业模式而是股权激励方案实施规模差异所导致的结果。尽管存在诸多问题，但不可否认的是Zott和Amit（2007）的研究确实是一项开创性的成果，其有效地为创业企业提供了一个可行的方向，即：何种类型的商业模式更容易实现盈利并赢得市场认可。

然而现实经营环境下的商业模式的经济后果与Zott和Amit（2007）的研究存在一定的差异。由于商业模式设计通常对初创企业而言更为重要，并且是天使投资、风险投资等用以进行企业估值的重要参考变量之一，而初创企业又很难在短期内实现盈利，因此在实务界的操作中，通常更加看重商业模式的潜力而非现状，换言之，未来盈利要比当期盈利更加重要。从企业估值方法通常是将未来的预期现金流入加以折现来看，这种判断方式自然是具备其理论依据的，但这也在某种程度上为评价企业提升了难度：企业若要在将来证明自己，则势必要投资于长期项目并在一定程度上牺牲短期内的盈余，那么在企业尚且无法实现盈利的短时窗内，又如何看到企业长期的价值呢？至少互联网行业，这一问题是非常普遍的，很多企业在上市之前都未能实现盈利，尽管创始人和高管团队不断通过路演、宣讲会等途径宣传企业的商业模式和长期发展能力，但能否赢得资本的信任仍然是未知数。许多企业所选择的权宜之计就是去海外市场上市，其中选择互联网板块相对火热的美股成为大量知名互联网企业的选择，如新浪、网易、盛大、携程、京东商城、阿里巴巴等。似乎在互联网企业圈和资本市场中普遍存在这样一种共识：美国的投资者对短期亏损的容忍度更高，可以支持企业通过“烧钱”的方式实现高速成长。但事实真是如此吗？仅2015—2016

年的一年时间，京东商城的股价就跌去将近一半，其原因无非在于其网站成交额转化为股东实际收益的能力过于薄弱，且途牛、金蝶、永辉超市等一系列无关多元化的并购令投资者普遍感受到了风险。换言之，京东商城在持续不盈利的基础上靠大体量交易和抢占市场等手段吸引投资者注入资本的方法在成熟资本市场中并非行得通。这也是以成熟的价值投资者支配的资本市场与以追求“概念”等短期收益的套利投资者支配市场之间最为明显的差异。

至此，商业模式对创业企业发展的重要性便转移至对融资行为的影响：由于初创企业普遍存在盈利能力偏弱、经营波动性强等特征，那么决定企业能否实现生存和发展的关键便在于获取资本的支持和认可。其根本原因在于创业型企业通常无法在创业后的一段时间内实现盈利，这一时期企业无法考虑内部留存收益的再投资，那么获取外部融资并以此支持企业的各项长期投资就成为必然的选择。在短期盈利能力无法满足外部投资者的利润需求的情况下，通过商业模式解释企业的长期增长潜力和未来盈利能力便成为最为现实的选择。因此从企业自身的角度来看，商业模式的关键意义在于其提供了一个可以与外部资本提供者进行沟通的窗口，也是获取市场认可的重要工具。而对于我国资本市场的发展而言，商业模式的意义同样十分重要。特别是在新常态经济环境下，经济增速回落和经济发展结构的调整使得不同行业、不同地区之间的经济格局发生改变，以往以投资作为助推的发展模式将逐渐被需求拉动、创新驱动的新型发展方式所替代。在这个时代背景下优秀的投资项目将变得越发稀缺，而外部资本能否鉴别并对这些具备足够成长能力的企业予以支持便成为资本市场能否有效配置资源的重要先决条件。但从以往一些企业由盛转衰的典型案例来看，我国资本市场似乎对于部分企业的商业模式判断有所失误。比如轰动一时的乐视网，致力于打造“平台 + 内容 + 终端 + 应用”的互联网生态圈，这个全新的商业模式一经提出便得到了众多投资者的追捧，使乐视获得巨额融资，从媒体上比较夸张的说法“贾跃亭靠两份PPT融资××亿”可见端倪。但随后，由于新业务的经营不达预期以及资金流的断裂，乐视网这一商业帝国迅速崩塌，即便实施重组也很难恢复以往的经济实力。从发展历程来看，乐视网的急速扩张得益于外部资本的支持，其最终失败也源自资本的“断流”，可以认为融资决策的科学与否直接决定了企业的成败，而乐视的实际融资能力在很大程度上是经由“乐视生态圈”这一具体商业模式而得以成立或丧失。由此可见，创新创业型企业的商业模式与融资决策之间存在天然的联系，一方面商业模式是企业在基本条件存在一定限制的情况下获取外部资本支持的强力工具，另一方面外部融资的助推也有可能放大企业商业模式的缺陷进而造成严重的不良后果。探讨商业模式与企业融资决策之间的关系，不仅可以对创新创业型企业的发展提供必要的理论借鉴，更有助于提升我国资本市场的资源配置效率，使“大众创业、万众创新”这一国家方略得以落到实处。

从理论发展的进程来看，探讨商业模式与企业资本结构之间的关系同样十分重要。自20世纪末期成为战略管理、组织学、技术经济等领域的研究重点以来，商业模式的概念范围逐渐扩大，并逐步靠近战略管理的研究范畴，形成了以生产价值、传递价值、捕获价值为主要环节、以价值流转为核心的概念体系（Teece，2010），并定位于提升企业的市场竞争力和长期竞争优势的保持。在研究内容方面，商业模式也早已突破了以往以电子商务企业、互联网企业为核心的分析范式（Timmers，1998；Amit和Zott，2001），开始将解构后的商业模式要素逐渐应用于更大范围的企业研究和创业实践（Osterwalder和Pigneur，2010）。IBM集团在2006年所作的全球CEO调查中将商业模式描述为“企业商业逻辑的展示”，并将商业模式创新与产品/服务/市场创新和运营创新并称为企业最重要的三种创新方式（George和Marc，2006），这一论述不仅充分展现出了商业模式在当今企业经营过程中所发挥的重要作用，更是大大扩展了商业模式这一概念的适用范围。然而作为一项偏商业性质的调查，IBM 集团 2006 年全球 CEO 调查报告并没有对商业模式进行严格的界定。调查报告将商业模式创新的几个主要方面进行了列示，主要包括：组织结构变革、战略合作伙伴、共享服务、可供选择的融资/投资工具、多元化或企业分拆、使用第三方的运营服务几个板块。如果对上述内容仔细加以分析，便不难发现这些方面都是企业整体战略在不同层面的表达，从侧面揭示了商业模式与企业战略之间的联系。就概念关系而言，商业模式是一种结构或机制，而企业战略是带有特定目的的一系列行为或决策，后者需要经由前者而实现，即企业需要在既定战略的指引下对自身的各项商业要素加以合理安排，使之符合企业的战略目标并为其实现而服务。商业模式对企业战略的依附关系缓解了这一概念源自企业经营管理实践而无法直接对应到相关经济学理论的尴尬境地，但也限制了有关商业模式研究的设计思路。由于商业模式的定位逐渐成为“企业战略在具体经营层面的实现”（Casadesus - Masanell 和 Ricart，2010），那么有关商业模式的研究也大多向战略管理方向靠拢，即关注企业竞争优势的获取和保持，而衡量后者最为直观的中介变量就是企业的业绩。因此，尽管有关商业模式的实证研究在 Zott 和 Amit（2007，2008）的开创性文献之后有所起色，但其与公司财务的连接却始终停留在企业业绩这一领域，研究视角过于单一，这对于正确理解企业各项财务决策的行为动机、操作方式和经济后果而言是远远不够的。

研究方法方面，现有的商业模式文献也存在一些问题。尽管国内外有关商业模式的研究已经取得了丰富的理论成果，相关主题文章也多发表于 Journal of Management、Strategic Management Journal、Organization Science、Long Range Planning、Harvard Business Review、《管理世界》、《中国软科学》、《中国工业经济》等优秀的经济管理类期刊，但研究方法却仍以分析式研究和案例研究为主。即便 Zott 和 Amit（2007，2008）的研究为商业模式的分类和计量提供了可行的方法，但以商业模式为主题的实证研究却依然进展缓慢，其原因主要有以下两点：首先是 Zott 和 Amit（2007，2008）开发出的分类和计量量表虽然提供了可以实际操作的数据获取方式和简易的判别标准，但整体仍较为抽象和难以理解，且缺乏必要的详细说明。这就导致即便是后期借鉴 Zott 和 Amit（2007，2008）分类标准和计量量表的文献也大多结合自己的研究需要对原有评价标准加以调整和简化，甚至直接以问卷数据替代原有的评分工作程序（Wei 等，2014，2017；Pati 等，2018）。而借鉴其他商业模式研究如 Johnson 等（2008）所提出定义的文章同样以调研数据和问卷数据为主（Huang 等，2012，2013），这就大大限制了这些研究为其他学者所借鉴的空间，导致商业模式的实证研究成为门槛极高的研究领域。其次是会计准则发展的滞后。由于技术发展导致企业经营方式发生改变已然对现有的会计准则产生了巨大的挑战，对商业模式进行披露并系统衡量其对会计科目的确认和计量的影响本应成为当前会计准则的改进方向。但从现有会计准则的制度规定来看，商业模式始终未能在国际会计准则理事会（IASB）所制定的财务报告概念框架中拥有明确定位，而仅仅在第 9 号国际财务报告准则《金融工具》中作为判断金融资产计量与分类属性的标准之一。究其原因，无非是商业模式的概念定义尚且不统一，且其包含的要素过于复杂，若草率地将其引入现有的报告体系则势必会导致披露混乱并影响以“如实反映”为代表的会计信息质量特征。综合来看，现有会计准则对商业模式的忽视使得这一经济分析工具无法顺利进入既有的财务报告体系并成为研究数据的来源，这在某种程度上又放大了商业模式研究数据获取难、操作成本高等问题。因此，改进并完善商业模式的分类和计量体系已然成为突破这一领域研究瓶颈、提升不同学科之间对接和理论发展空间的关键问题。

从资本结构理论的发展来看，探索商业模式与企业融资行为之间的关系也具有重要意义。资本结构理论可以说是公司财务理论的起点。自 Modigliani 和 Miller 于 1958 年在 American Economic Review 上发表标志性的文章 "The Cost of Capital, Corporation Finance and the Theory of Investment" 之后，公司财务政策才真正作为一个研究领域进入学者们的视野，而在这篇被后世称作 "MM 定理" 的文章之后，资本结构也正式成为公司财务研究的核心命题，并在长达数十年的时间中始终占据论证的焦点。由厦门大学胡培兆教授、吴世农教授主编，沈艺峰教授所著的《资本结构理论史》一书曾对现代资本结构理论进行系统梳理，可以看出早期的资本结构研究大多围绕 MM 定理中研究假设的放松展开，包括破产成本学说（Baxter，1967；Stigliz，1969，1974；Warner，1977）、税差学派（Robichek 和 Meyers，1965；Scott，1976；Brennan 和 Schwartz，1978）、静态权衡理论（Kraus 和 Litzenberger，1973；Rubinstein，1973）等。20 世纪 70 年代后随着代理理论（Jensen 和 Meckling，1976）和信息不对称理论（Myers 和 Majluf，1984）的引入，资本结构理论迎来了一次大规模的革新，开始探讨契约的签订、企业控制权、内部人与外部人之间的信息差异以及如何传递信号等问题对企业资本决策的影响（Jensen 和 Meckling，1976；Myers，1977；Myers 和 Majluf，1984；Smith 和 Warner，1979；Ross，1977）。从理论的演进过程来看，资本结构理论秉承了经济学的基本研究范式，其中 50—70 年代以 MM 理论及其探讨为代表的资本结构理论本质上借鉴了新古典经济学的研究方法，在假定理性人并设置大量前提条件如无交易成本、无税收、风险可知、无借款摩擦等的情况下通过数理推导考察企业价值与资本结构之间的关系。70 年代之后，以代理理论和信息不对称理论为代表的新资本结构理论则广泛借鉴了新制度经济学的观点，对前期忽视制度、契约等因素的分析范式予以修正，并推进了公司治理这一要素在资本结构理论中的应用。但在之后，随着不同学科之间的交叉与融合逐渐加深，资本结构理论的研究范式已经不仅仅局限于经济学领域，而是广泛借鉴其他学科、其他领域的研究成果，如管理学、社会学、心理学、法学等。其中，“高阶梯队理论”（Upper Echelons Theory）（Hambrick 和 Mason，1984）将管理层个人特质的影响引入资本结构决策，并在后期通过行为金融这一新兴研究领域衍生出了诸多有代表性的文献，如资本结构的市场择时理论（Baker 和 Wurgler，2002）；“嵌入理论”（Embeddedness Theory）（Granovetter，1985）指出了企业的经济行为受外部社会关系和社会网络影响的作用机制，并成为诸多探讨外部环境如何影响企业资本结构的文献的理论基础，其所提出的“通过社会网络连接建立信任关系并缓解信息不对称”也成为缓解契约不完备和内部人与外部人之间信息差异的重要方式；“法与金融”（Law 和 Finance）（La Porta 等，1998，1999）通过对不同法律约束条件下外部投资者保护机制的差异加以分析和论述直接开辟了一个新的研究领域，而有效的法律体系和法律执行对契约履行效率的积极作用也为资本结构理论中“不完备契约”难题的解决提供了一种新的思路。但在诸多其他学科及研究领域纷纷与资本结构理论建立关系的同时，作为管理学领域重要研究方向的企业战略却始终未能在资本结构理论中占据一席之地。其主要原因有以下两点：一是战略作为一种定位于公司层面却又存在部分宏观因素的概念而言相对比较抽象，也难以直接度量，研究者通常只能区分出部分可以定义的具体战略类型，如多元化战略、国际化战略等，尽管在 Miles 和 Snow（1978，2003）对企业战略类型加以区分，以及 Bentley 等（2013）、Higgins 等（2015）等学者尝试运用具体财务数据对其加以刻画的持续努力下有关企业战略影响公司财务的实证研究已经有所起色，但文献数量较之其他研究领域而言仍存在明显差距。二是正如产业组织理论的基本研究范式“结构—行为—绩效”所描述的那样，当一种偏宏观的概念对接到一个相对具体的概念的时候，其往往会存在一个中间环节作为桥梁，否则便难以明晰具体的机制问题。而资本结构是企业的一项具体的财务决策，若直接将企业内部最高层面指导思想的企业战略与之直接对接难免会出现中间环节的缺失问题。这就需要一种介于企业战略与资本结构之间的因素对两者之间的关系加以调和。具体而言，在明确实际的经营目标之后，企业在实施战略的过程中需要对内部资源、关键业务、管理流程、交易结构等进行全面规划与整合，之后才涉及具体的经营决策。由此可见，定义了关键资源、业务模型、收入成本结构、合作关系等经济要素的商业模式正是介于企业战略和企业财务决策之间的路径，换言之，商业模式解释了企业经营管理的基本逻辑和价值创造的方式，是整体性、全局性的企业战略落实到具体的各个经营项目的必要途径，即战略是长期的安排，商业模式是短期的实现，长期安排要通过一步步的短期实现结果来体现。具体到融资行为方面，企业战略的实现需要对企业内部各项资源的量和结构进行重新配置，而资源的获取和处置又必然涉及资本和营运资金的变化，并进一步影响企业的融资方式和融资成本，最终导致企业融资行为的改变。因此，商业模式无疑是一种比企业战略对企业融资行为影响更为直接的因素，同时其可以有效弥补由战略至具体融资行为的缺失环节。

上述内容对本书的研究背景、研究意义和必要性进行了较为全面的概括。在此基础上，可将本书研究的主要问题归为以下几个方面：

（1）如何衡量企业的商业模式？对商业模式加以分类和计量是推进商业模式实证研究的前提条件。考虑到数据获取成本、操作难度和准确性等问题，大量使用调研数据、问卷数据的方法显然是不合理的。鉴于 Zott 和 Amit（2007，2008）已然提出了较为权威和可行的商业模式分类方法和计量量表，在其基础上进行改进并提出具体的、规范的、可操作的评分流程是相对而言较为理想的选择。本书对 Zott 和 Amit（2007，2008）评分体系的完善将主要从以下三个方面展开：第一，将原有评分量表中混乱无序的部分加以分类和整合，删除明显重复和抽象程度过高导致难以判断的评分项目，以方便评分者更好地理解各个评判项目的含义以及不同评分项目之间的关系；第二，将原有评分量表中表义相对模糊和难以理解的内容予以具象化，并结合样本企业的特征总结出可批量判断和执行的具体操作方法，以减少评分者的工作压力；第三，在 Zott 和 Amit（2007，2008）原有工作方案的基础上设计出更加精细且严谨的数据复核及修订机制，以确保评分结果的准确性和客观性。

（2）不同商业模式类型的倾向性如何影响企业的长期融资决策？传统的资本结构理论认为，在满足一系列严格假设的前提下企业价值与资本结构无关（Modigliani 和 Miller，1958），但在现实的经营条件下由于税收及破产成本的存在，企业往往需要在由负债融资所带来的税盾效应和由此可能引发的破产风险之间加以权衡，并设计出一个最优的资本结构（Kraus 和 Litzenberger，1973；Scott，1976）。特别是在 Graham 和 Harvey（2001）那篇经典的以 CEO 调研为基础的研究之后，"企业存在最优（目标）资本结构"已然成为学术界大多数学者共同认可的命题，也由此产生了专门研究资本结构调整问题的一系列经典文献（Lòòf，2004；Flannery 和 Rangan，2006；Titman 和 Tsyplakov，2007；Byoun，2008；Lemmon 等，2008；Huang 和 Ritter，2009；Cook 和 Tang，2010；Faulkender 等，2012；Öztekin 和 Flannery，2012），这些研究从宏观和微观的多个角度解读了企业实际资本结构偏离目标资本结构的原因，以及实际资本结构向目标资本结构调整速度的影响因素等问题。但仍有一些研究方向没有得到探索，如企业的资本结构安排是否会受到商业模式的影响？以往研究指出进攻型战略会增加企业的融资需求（Miles 和 Snow，1978，2003），并提高企业由于现金流不足而陷入财务困境的风险（Ittner 等，1997），因此部分高新技术企业会将资本结构安排作为支撑企业战略的工具（孔宁宁等，2010）。那么，作为企业战略最终落地时所形成的架构和机制的商业模式，其特征是否会影响企业的资本结构安排？由于商业模式决定了企业以何种方式创造价值，不同商业模式下企业内部资源配置和外部交易关系管理的特征和倾向性会对具体财务资源及其成本、风险管理提出相应的要求。那么，不同类型的商业模式对资本结构的偏离程度和调整速度又会产生何种作用？对上述问题的探索有助于更好地把握当今企业发展的最新业态对资本结构决策所产生的影响。

（3）不同商业模式类型的倾向性如何影响企业的短期融资决策？由于金融发展不平衡与信贷配给现象的广泛存在，商业信用融资逐渐成为企业可供选择的一种重要融资方式（Meltzer，1960；Petersen 和 Rajan，1997；Nilson，2002），并广泛地存在于西方国家的企业经营中（Petersen 和 Rajan，1997；Atanasova 和 Wilson，2004）。在我国，金融系统的整体不发达和以银行贷款作为主要资金获取途径的外部融资环境使得商业信用对于我国企业的支持作用更加明显（Allen 等，2005；谭伟强，2006；陆正飞和杨德明，2011）。但从我国现有与商业信用相关的研究文献来看，大量文章将研究视点集中于商业信用与银行贷款之间的关系（石晓军等，2009；石晓军和张顺明，2010；刘仁伍和盛文军，2011；江伟和曾业勤，2013；饶品贵和姜国华，2013；张杰等，2013；王彦超，2014；黄兴孪等，2016），这些研究视角偏向于宏观，而对微观层面的企业特征关注不足。就概念本源而言，商业信用是企业与供应商及客户发生交易关系时由于应付款项、预收款项等资金往来而自发形成的短期融资。除了企业自身的市场地位、与交易者之间的信任关系之外，交易结构同样是影响商业信用获取的重要方式。在新技术应用显著降低了计算和沟通的成本，形成了新的创造和传递价值的方式，并促进了非传统交易机制和架构的产生（Amit 和 Zott，2001）这一外部经营环境的剧烈变化下，商业模式是否会成为影响企业商业信用获取能力的又一项关键因素？以不同交易结构特征为主导的商业模式类型差异又会对企业的商业信用水平产生何种影响？这是一个亟待回答的全新命题，也是本书研究的重点所在。

## 1.2 研究的创新性和贡献

本书的研究较以往相关文献而言在研究视角、研究方法和研究样本方面有所创新，具体的研究贡献则包括理论贡献和实践贡献两个方面。

第一，创新性。

首先是研究视角方面的创新。本书在以往宏观及微观因素如金融发展、代理问题、信息不对称、企业规模、盈利能力等因素的基础上探讨了一种新的影响因素即商业模式对企业融资决策的影响。而与以往的各项因素相比，商业模式更加侧重对企业价值创造方式的解析和交易结构管理特征的描绘，这种体现了新时代的技术发展背景特征，同时对企业自身经济属性以及企业与其他经济体之间交易关系的深度挖掘是以往的影响因素未能予以充分地考虑和关注的。

其次是研究方法方面的创新，本书对 Zott 和 Amit（2007，2008）的商业模式评分体系进行了一定程度的改进，将原本抽象、复杂的评分内容提炼并细化成可直接运用上市公司的各项公开披露的资料和数据进行评分操作的范本。相较于以往研究通常借助 Zott 和 Amit（2007，2008）的框架简化评分项目并改造成相对简易的调查问卷而言，本书改进后的商业模式评分体系更具规范性和可操作性。

最后是研究样本方面的创新。以往研究商业模式的文章通常将电子商务、互联网企业作为样本和分析的重点，从而存在较大的局限性。本书研究样本既包括计算机、互联网等新兴行业，也涵盖了农业、食品加工、纺织等传统行业，而通过关注这些传统行业企业应用新技术后的商业模式特征既可以全面而深入地理解当今企业发展的最新业态，也显著提高了研究样本的代表性。

第二，理论贡献。

首先，本书的研究成果对资本结构理论构成了有效的补充。传统的资本结构理论在逐渐脱离经济学研究范式的同时开始引入代理问题、信息不对称等新的研究视角，而金融发展理论和法与金融则为宏观视角的资本结构研究提供了理论基础，探讨外部经济因素影响企业资本结构决策的研究日益增多。其实无论是代理问题、信息不对称还是宏微观相结合的研究，其所重点探讨的无非是外部环境与企业资本结构决策之间的关系，即认为企业的融资决策并非仅由自身特征决定，而是要充分考虑与外部环境之间的关系，这就与战略管理领域所主张的“战略适应环境”形成了高度的一致，也为企业战略与资本结构决策的衔接提供了可能。但作为一种长期的指导思想以及一系列相对抽象的带有特定目的的行动或决策（Ansoff，1965），企业战略在实际对接至相对具体的资本结构决策时需要一个合理的中间机制，此时在“结构追随战略”（Chandler，1962）的基本框架下，探讨以交易结构为主体的商业模式对企业资本结构的影响就显得十分必要。简言之，系统考察商业模式类型对企业融资决策的影响是顺应资本结构理论发展趋势的重要命题，其为“环境—战略—结构安排—资本结构决策”这一完整的分析链条提供了必要的理论补充。

其次，本书研究拓展了商业模式理论的研究视野。“商业模式”这一概念自20世纪末开始得到学者们的关注并逐渐发展至今已然形成了相对完整的理论体系。但客观地讲，大多数理论成果均集中在对商业模式概念及构成的探讨方面，这就导致理论内涵的深度较高但外延相对较窄。特别是在经济后果方面，现有文献几乎无一例外地关注商业模式对企业经营业绩的影响，这与商业模式理论在后期主动靠拢战略管理理论的发展趋势是分不开的，但也大大限制了商业模式这一概念自身的应用空间，特别是对于初创期、成长期的企业而言，探讨商业模式对短期业绩的影响并不能很好地帮助外部不知情者洞悉企业的发展前景。因此，迫切需要从其他角度深入挖掘商业模式对企业经济决策的影响，以丰富相关理论成果。本书所探讨的融资问题是企业最为重要的财务决策之一，也是企业在自身资源相对有限的前提下实现高速成长的重要保证，探讨商业模式对企业融资决策的影响既丰富了商业模式经济后果研究的理论成果，也在一定程度上拓宽了商业模式这一经济分析工具的应用空间，同时还可以为商业模式理论与公司财务理论的结合搭建出必要的桥梁。

最后，本书在 Zott 和 Amit（2007，2008）研究的基础上改进和探索出一种利用我国上市公司公开披露信息对商业模式进行分类和测度的系统的、详细的、可操作的方法，有利于科学合理地推进有关商业模式的大样本实证研究。已有的商业模式研究中主要利用问卷调查、高管访谈辅之以人工阅读的方式区分和判断商业模式倾向性（Huang 等，2012，2013；Wei 等，2014，2017；Pati 等，2018；程愚等，2012；胡宝亮，2015），个别研究则采用商业模式变化标志性事件从动态化的视角考察商业模式变迁或升级对企业经营业绩的影响（Kim 和 Min，2015；杨德明和刘泳文，2018）。这些衡量方法中前者会受到样本容量、数据获取成本方面的制约，并使得这些研究难以被后期学者所借鉴；而后者则将研究视角过于局限至某一具体的研究情境如开展互联网业务，从而影响研究结论的普适性。本书参考 Zott 和 Amit（2007，2008）划分的两种典型的商业模式类型及判断量表，结合上市公司公开披露的年度报告资料中所表现出的具体经营特征，在充分考虑评分者实际评分效率和评分难度的基础上对现有的评分量表加以改进，并在制定出具体工作计划和评分判断标准的基础上进一步设计出完善的数据复核及修订机制。这一研究成果有助于在未来增加以商业模式为主要研究内容的大样本实证检验，促进商业模式这一经济分析工具更好地应用于公司财务领域的研究。

第三，实践贡献。

首先，明确在新兴经济中商业模式对企业融资行为的影响，有助于企业管理层做出正确的融资决策。商业模式是企业的一种整体经营架构和价值传递机制，并统合了资源获取、产品开发、项目运营、成本管控、交易关系管理等诸多关键业务活动。这些业务活动的进行往往伴随着资源和价值的流转，并涉及企业与其他经济体之间的交易往来和关系维护，而企业财务管理系统作为重要的职能部门需要对上述活动给予必要的支持。本书通过系统考查商业模式类型对企业融资行为的影响，为企业管理层如何基于商业模式的特性及优缺点适时地调整融资决策，提高企业的融资效率提供相应的理论和数据支持，有助于高层管理者作出正确的财务决策。

其次，本书研究成果有助于帮助投资者分析和理解商业模式，作出正确的投资决策。商业模式描述了企业创造价值、传递价值和实现收益的方式，同时也将企业、客户、供应商之间的网络连接关系以及核心企业的竞争力和价值予以全面展现。这一价值实现过程不仅与企业自身相关，还关系到作为企业投资者的股东、债权人等能否实现预期的投资收益。本书通过考察商业模式与企业融资决策之间的关系，阐述了不同类型的商业模式影响企业融资行为的方式、路径和作用机理，研究成果可以为作为企业资金提供方的投资者在进行投资决策前深入分析目标企业融资的动机、预计可能的经济后果等必要的事前准备提供参考依据与经验借鉴。

最后，明晰商业模式与企业融资行为的匹配关系及作用机理，有利于监管部门监控企业风险。商业模式决定了企业内部各项经济要素组合的方式，也描绘出了企业在由交易者所构成的关系网络中究竟处于何种地位，而这些因素均影响着企业的经济行为。尽管当今经济领域普遍将商业模式作为重要的估值依据，但任何一种商业模式的成功与否均存在不确定性，并会直接影响到企业的财务风险，甚至决定企业的兴衰成败，“乐视网陷入财务困境”就是典型案例。即便某一类型的商业模式有机会在短期内受到资本的支持和青睐，但随着企业实施无序扩张并逐渐无法兑现其以往的承诺后，由资本的抛弃所带来的资金流断裂也会加速企业的衰落过程，这不仅会导致外部投资者的利益受损，还会影响股票市场的稳定性。从监管机构的角度来看，有必要及时发现此类企业发展的不稳定因素，以确保微观经济增长的稳定性。本书通过探索商业模式类型对企业融资行为的影响，厘清了商业模式与具体融资决策的匹配关系，有利于监管部门从商业模式的角度审视和监督企业的财务风险。

## 1.3 研究内容和全书结构安排

全书的主要内容和结构安排如下：

第1章是绪论部分，主要是对本书的研究背景、研究贡献和全书结构安排进行阐述，侧重从理论演进和实务发展两个角度逐步分析出本书研究的必要性。

第2章是文献综述部分，将对与商业模式、动态资本结构调整和商业信用研究有关的文献进行系统梳理和总结，在提炼出主要内容和关键问题的同时点明本书研究对既有文献的重要补充作用。

第3章是理论基础和制度背景，对本书研究所涉及的相关基础理论和制度背景进行简要的总结和回顾，具体包括战略管理理论、利益相关者理论以及与商业模式信息披露相关的会计制度。

第4章是不同商业模式类型的评分系统构建与创业板上市公司的商业模式评分概况，将系统阐述本书基于Zott和Amit（2007，

2008）的研究改进后的商业模式倾向性评分体系，包括数据的采集、主要评分标准和要点以及为确保结果准确而进行的一系列数据复核机制。之后对我国创业板上市公司各个行业的商业模式得分概况加以简要统计和说明。

第5章是以实证研究的形式考察不同商业模式类型的倾向性水平对企业长期融资决策的影响。具体研究内容为实证检验商业模式倾向性得分与实际资本结构偏离目标资本结构的程度之间的关系，债务融资成本、无形资产比重的调节作用以及上述相关关系在不同融资约束水平下是否具有差异。随后，还检验了不同商业模式倾向性得分水平下资本结构调整速度的差异。最后，以替换关键变量和考虑潜在遗漏变量的方式进行稳健性检验。

第6章是以实证研究的形式考察不同商业模式的倾向性对我国创业板上市公司短期融资决策的影响。具体研究内容为实证检验商业模式倾向性得分与企业商业信用水平之间的关系，产品市场竞争、国有股权性质的调节作用以及上述相关关系在不同市场地位的情况下是否具有差异。随后，还检验了不同商业模式倾向性得分水平下商业信用对短期银行借款替代程度的差异。最后，以替换关键变量和考虑潜在遗漏变量的方式进行稳健性检验。

第7章是研究结论和未来展望，主要是对全书的研究结论进行总结，指出本书研究可能存在的不足之处，最后会对未来有进一步探讨价值的研究方向进行简要探索。

其中，第4、5、6三章为本书的核心章节，在第4章所构建的商业模式评分体系的基础上，第5、6两章分别考察了长期、短期融资决策的具体形式是否会受到商业模式类型的影响。全书的整体结构和技术路线如图1-1所示。

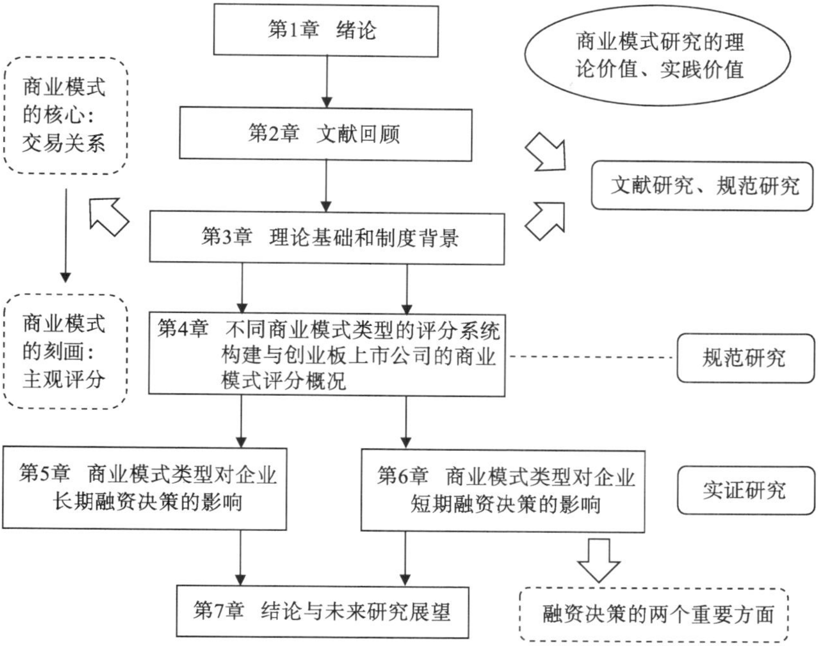


**图 1-1　本书的整体结构和技术路线**

# 第2章 文献综述

本章的主要内容是对本书研究所涉及的相关文献进行梳理和总结。具体包括与商业模式相关的文献、与动态资本结构调整相关的文献以及与商业信用相关的文献。

## 2.1 有关商业模式的文献：概念、主要研究领域及理论发展历程

### 2.1.1 商业模式的概念演进及其与企业战略之间的关系

Bellman 等（1957）最早于“On the Construction of a Multi - Stage, Multi - Person Business Game”一文中使用了“Business Model”一词。该文主要着眼于设计一个被美国管理学会用于高管培训的多人多阶段决策游戏，而在当时的情境下需要用一个词对仿真过程中的企业模型加以概括，于是“商业模式”一词便应运而生。初始含义下的商业模式仅仅是商业建模中对企业整体状况的一种概括或表达，应用空间也相对狭窄，只有 Konczal（1975）指出未来商业模式将逐渐成为一种管理工具。但在之后相当长的一段时间里，商业模式依然主要被理解为一种信息机制或系统模型，其真正成为一种管理工具并受到重视得益于20世纪90年代高新技术的发展和电子商务的出现。网络和信息技术的发展显著降低了计算和沟

通成本，形成了新的创造和传递价值的方式，从而促进了非传统的交易机制和架构的诞生（Amit 和 Zott，2001）。这些发展使企业不仅能在企业和行业边界内部，还能跨越企业和行业边界从根本上改变其组织和参与经济交易的方式，从而打开了商业模式设计的新视野（Mendelson，2000）。

Timmers（1998）是最早针对技术进步背景下的商业模式发表见解的学者。在"Business Models for Electronic Markets"一文中，Timmers（1998）指出，电子商务作为一种新型的企业发展业态，其既是对传统业务的一种补充，也是一种全新的经营方式。但由于电子商务涉及互联网的种种特征，那么以下两个问题就亟待解答：这种新型的商业模式如何定义？它会对企业的市场战略产生何种影响？在随后的论述中，Timmers（1998）虽未明晰商业模式的具体内容，但依然尝试给出了一种商业模式的定义："产品、服务和信息流的体系结构，包括对各种业务参与者及其角色的描述；对各种业务参与者潜在利益的描述；对收入来源的描述。"Timmers（1998）的概念主要强调了以互联网为代表的新技术的出现对企业做生意方式的三个方面的影响：首先是信息的重要性大大提升，在战略层面可以和产品、服务居于同等地位；其次是企业外部合作的必要性与空间显著提升，其原因在于信息技术发展大大降低了企业之间的沟通成本与信息不对称程度，同时加快了产品或服务在不同经济主体之间的传递速度；最后是在此基础之上企业收入方式的变化，在信息沟通、产品流转效率均已得到提升的前提下，企业可以改变自身的经营侧重点或者开辟新型业务，例如，广泛使用外包生产、授权销售等方式将低附加值的生产环节予以转移，或者直接以信息提供作为主要的业务内容成立平台式企业，通过连接不同种类的供需双方获取中介收益。由此可见，商业模式之所以会得到广泛的关注，其根本原因在于经济领域内企业经营环境的变化导致各项商业要素的重要程度和潜在价值均发生改变，而基于传统的战略视角很难解释诸如谷歌、苹果等公司在如此短时间内所取得的爆发式增长与商业成功，无论是理论界还是实务界都迫切需要一种新的分析工具对企业做生意的方式加以解读。因此在 Timmers（1998）之后，又有诸多国外学者对商业模式的定义问题予以关注，具有代表性的观点可以概括为表 2－1 的内容。

**表 2－1　　　　国外学者有代表性的商业模式定义**

| 作者与论文年份 | 商业模式定义 |
| --- | --- |
| Timmers，1998 | 一种产品、服务和信息流的体系结构，包括对各种业务参与者及其角色的描述；对各种业务参与者潜在利益的描述 |
| Mahadevan，2000 | 一种将价值流、收入流和物流结合起来的机制 |
| Amit 和 Zott，2001 | 一种对旨在通过利用业务机会创造价值的交易的内容、结构和治理的描述 |
| Chesbrough 和 Rosenbloom，2002 | 一种创造性地将技术潜力与经济价值实现联系起来的启发式逻辑 |
| Magretta，2002 | 一种讲述企业如何运作的故事并回答以下问题：客户是谁？客户的价值是什么？它还回答了每个经理必须问的一个基本问题：我们如何在这项业务中赚钱？解释我们如何以适当的成本为客户提供价值的基本经济逻辑是什么？ |
| Morris 等，2005 | 一种对风险策略、架构和经济领域中相互关联的一组决策变量如何处理的简洁表示，以在确定的市场中创造可持续的竞争优势 |
| Osterwalder 等，2005 | 一种在包含了诸多目标、概念及其关系的基础上用以解释特定企业经营逻辑的概念性工具 |
| Teece，2010 | 一种对公司所采用的价值创造、交付和捕获机制的设计或架构的描述。商业模式的本质是定义企业向客户交付价值的方式，诱使客户支付价值，并将这些付款转化为利润 |
| Casadesus － Masanell 和 Ricart，2010 | 一种对公司已实现战略的反映 |

续表

| 作者与论文年份 | 商业模式定义 |
| --- | --- |
| Wirtz 等，2016 | 一种公司相关活动的简化和汇总表示，它描述了如何通过公司的价值创造活动生成可销售的信息、产品和/或服务。除了价值创造的架构外，还考虑了战略以及客户和市场组成部分，以实现形成和确保竞争优势的最高目标 |
| Massa 等，2017 | 一种对组织以及该组织如何在实现其目标方面发挥作用的描述（如盈利、成长、社会影响等） |

表 2－1 的统计结果充分显示出了国外学者的商业模式定义是十分多样而复杂的，对其进行大致归纳后可以发现商业模式所包含的要素极多，既有产品/服务这类基础设计，以及客户、市场、合作伙伴、渠道这种侧重交易关系的表述，又有信息、关键资源这类偏向技术经济与战略管理的内容，甚至还包括了成本/收入结构这类财务管理方向的要素。将如此多项内容统合并抽象为一段简短的描述本身就具备较高的难度，而学者们通常就自身的研究领域结合专业特长对商业模式发表见解，其所强调的内容通常只是商业模式的一个或部分侧面，由此导致的结果就是学界至今未能形成一致认可的商业模式定义。但如果根据时间顺序整理上述概念的发展脉络，仍可以大致抽象出“商业模式”这一经济分析工具的主要特征与发展趋势：（1）无论是“一种体系结构”“一种描述或表示”还是“一种故事”，商业模式所构筑的都是关于企业的一幅全局性、整体性的视图，在这个视图中各个商业要素之间彼此联系，并通过一系列有效的管理活动达成经营目标；（2）内容的全面性，商业模式不仅注重单一企业内部商业要素的分析与把握，还非常注重描述企业与其他经济体之间的关系即交易结构，尤其重视整体产业链、价值链层面的经济分析，这也使其在评价企业的竞争力方面更具优势；（3）在概念的发展和演进层面，商业模式表现出了侧重点由技术到组织，再到企业战略的基本脉络，这也反映出学术界

认知商业模式的整体历程。商业模式真正成为一个重要的学术问题的起点来自电子商务的发展，而后者正是以互联网代表的新兴技术不断在企业经营层面渗透和应用的结果。因而早期商业模式定义无法回避的一个关键问题就是针对技术的探讨（Timmers，1998；Mahadevan，2000；Chesbrough 和 Rosenbloom，2002）。之后商业模式在企业经营中的地位和作用日益提升，其不仅通过新技术的应用改变企业做生意的方式，还进一步影响了企业的组织设计和内部管理体制，如互联网企业大量采用以项目为中心的管理体制和双层股权结构设计。正如 Chandler（1962）所观测到的第一次世界大战后广泛推行的多元化、国际化战略导致大量美国企业实行事业部制管理一样，商业模式的革新也为企业带来了组织结构层面的变化，并逐渐成为组织整体架构抽象化之后的一种表达方式或基本描述（Amit 和 Zott，2001；Magretta，2002；Osterwalder 等，2005）。但若仅以一种全面的“结构”或“机制”对商业模式简单加以描述，并不能很好地突出其在企业参与市场经营过程中所发挥的重要作用。换言之，商业模式需要一个明确的定位和落脚点，它究竟服务于什么？又是以什么为基础安排出相应的结构和机制？于是，以目的为导向的战略管理视角开始在商业模式的定义中占据主导地位，其不仅将商业模式对于企业发展的重要性进一步提升至战略层面，还进一步提炼出了商业模式的两个关键要素“价值创造”和“竞争优势”，其中前者是实现方式，而后者则成为商业模式对接企业战略的关键所在。如果对战略管理学派的主要观点加以总结，商业模式便成为企业战略实现的途径或工具，其通过有效的价值创造方式为企业竞争优势的取得和保持提供了基本的逻辑和基础（Morris 等，2005；Teece，2010；Casadesus - Masanell 和 Ricart，2010；Wirtz 等，2016；Massa 等，2017）。

战略管理视角的商业模式研究虽然将商业模式理论推向了高峰，但也引发了一系列问题，其中最为关键的便是厘清商业模式与企业战略之间的关系。Teece（2010）曾经对商业模式理论的发展做出过较为经典的论述，他在“Business Models, Business Strategy and Innovation”一文中指出商业模式的发展不具备现代经济学理论的相关基础，其主要原因在于现代经济学理论大多遵循新古典主义的分析范式，且将生产、消费、分配等作为最核心的研究命题，其中很少涉及技术进步方面的讨论；计划经济体制下由技术问题引发的探讨更加不具备必要性因为生产规模、需求等大多是已经决定好的变量。在这一前提下，商业模式这种主要反映由互联网技术变革所引发的企业经营方式变化的概念更像是在企业实践发展超前而现有经济学理论无法解释的情况下所产生的一个“革新者”。但在过去近20年的探讨中，学术界却始终未能就商业模式的概念、构成等问题达成一致意见，从而使得这一领域的研究始终缺乏必要的理论基础，直至在2016年整理相关文献并进行专家意见调研时，Wirtz等（2016）依然指出“需要一个统一的术语”是未来研究中最应优先被解决的问题之一。在学术界无法达成权威概念的同时，实务界对“商业模式”的应用更是加剧了这一研究领域的概念混乱，特别是新闻、报纸等媒体通常在未加考证的情况下对商业模式加以诠释和渲染；而在应用最为普遍和广阔的创业领域，商业模式通常被简单解释为“企业赚钱的方式”并成为创业者向风险投资方展示自身企业时的一种说辞。在经过一段时间的无序发展之后，本应扮演理论革新者角色的商业模式理论受到了传统领域学者的批评和质疑，其中最为激烈的意见来自战略管理名家Michael E. Porter，他认为商业模式自提出后一直都是一个相对模糊和松散的概念，如果仅仅将商业模式当作企业如何开展商业活动、如何获取利润的简单描述，那么与企业最终获取竞争优势并实现长期发展尚且存在较大的距离；商业模式的简单、论证不足等特征也使得企业在拥有一个商业模式方面的门槛过低，这容易引导管理层在企业的经营管理活动中产生一些错误想法和自我妄想（Porter，2001）。因此在这之后，商业模式领域的学者大多放弃探索独立的发展路径，转而借鉴其他学科的研究成果以弥补自身理论基础薄弱的问题。如Amit和Zott（2001）对电子商务领域商业模式的解释与诠释就大量引用了交易成本经济学的观点，两位学者认为由技术进步所导致的企业经营方式的变化，以及电子商务的成功主要表现在互联网技术的出现通过丰富信息获取渠道大大降低了企业之间的交易成本，并改变了以往的交易结构。尽管Amit和Zott（2001）的分析模式秉承了经济学理论的研究范式，但从其最终所提出的定义来看，以"创造价值"为核心的阐述却更多地表现出了战略管理领域的特征。与Amit和Zott（2001）相比，战略管理学家David J. Teece对商业模式的解释则更加"战略化"。Teece（2010）从一开始便将商业模式定位为"企业如何获取和保持竞争优势"，并认为商业模式成功的关键在于设计出一种有效的"竞争隔绝机制"，这无疑是直接为商业模式定下了"为战略服务"的基调。换言之，若以Teece的视角审视整个商业模式，其更多地表现为战略管理框架下以"价值流转"为主轴解释企业竞争能力的全新命题。在后续的研究中，Teece（2018）进一步阐释了商业模式与企业动态能力之间的关系，鉴于动态能力理论是战略管理研究的核心问题之一，这一观点等同于将商业模式直接置于战略管理理论的统领之下。

从理论发展的角度来看，Teece（2010）、Casadesus - Masanell和Ricart（2010）等学者主动拉近商业模式与战略管理的距离为这一领域的发展做出了巨大的贡献，并顺利解决了商业模式自诞生以来便一直缺乏理论根基与成熟分析范式的固有缺陷。因此，后期的文献大多基于战略管理的视角加以展开，从表2-1中就可以看出，新的商业模式定义尽管在要素描述方面各执一词，但都会强调这种描述或表达最终落脚于获取竞争优势或者服务于特定目的的实现。Foss和Saebi（2017）曾经在一篇回顾15年以来商业模式创新理论发展的文献综述中对以往的商业模式定义进行了系统梳理，在总结了多个定义之后，两位学者指出：尽管不同文献对商业模式的定义不尽相同，但近年来多数文献的定义基本接近或符合 Teece（2010）的定义，即将商业模式视作“一种对公司所采用的价值创造、交付和捕获机制的设计或架构的描述”。这正是后期商业模式理论与战略管理理论进行深度融合的结果。但是，将商业模式置于战略管理的研究框架之下也引发了新的问题：商业模式与企业战略的关系究竟是什么？两者之间存在何种区别？在这里可以引入 Osterwalder 和 Pigneur（2010）的“商业模式画布（Business Canvas）”理论加以说明。瑞士学者 Alexander Osterwalder 和比利时学者 Yves Pigneur 在 2010 年出版的《商业模式新生代（Business Model Generation：A Handbook for Visionaries Game Changers and Challengers）》一书中提出了著名的“商业模式画布”模型，该模型旨在对商业模式这一相对抽象的概念提炼出具体的关键要素，并将其应用于创业企业的商业模式设计和分析，具体则包括价值主张、市场细分、客户关系、重要合作伙伴、渠道通路、核心资源、关键业务、收入来源、成本结构九个方面。通过对上述九要素模型加以解读，可以总结出商业模式画布重点关注的几个方面：一是偏重产业层面及价值链的相关分析，包括企业的市场地位、与外部交易者之间的关系（价值主张、市场细分、客户关系、重要合作伙伴、渠道通路）；二是关注战略层面资源的获取及配置问题（核心资源、关键业务）；三是注重公司财务层面的具体安排（收入来源、成本结构）。这三个主要板块中前两个均是战略管理领域研究的重要命题，即便是收入来源、成本结构这种偏重具体项目的部分也涉及企业战略的相关内容如多元化决策、战略成本管理等。这就反映出了商业模式研究的一个重要问题：与企业战略研究的重合度过高。

就概念定义来看，企业战略主要表现为一种愿景，即在充分考虑外部环境和竞争者关系的基础上制定有关企业中长期发展目标及相应活动的决策（Ansoff，1965；Andrews，1971；Porter，1998）。这一定义本身就存在囊括内容多、分析角度全面的特征。特别是在Porter于1985年提出“价值链”这一概念并将其应用于战略管理领域之后，与企业价值创造相关的各项基本活动（如原材料获取、产品开发、生产制造、货运仓储、市场营销、售后服务等）和支持活动（如技术研发、组织建设、人力资源管理、财务管理、信息获取等）基本上已经全部都被包含至战略管理的研究范畴，此时留给商业模式的空间已然有限，如果不能明确商业模式的独特定位，则这一学术问题的探讨便没有太高的价值。因此在商业模式领域，几乎所有具备较大学术影响力的文献均在试图解释商业模式与企业战略之间的关系，其中最有代表性的就是Zott和Amit（2007，2008）的文章，两位学者认为商业模式与企业战略之间的最大区别在于，它是一种相对具体的安排，并且特别强调组织层面的设计。换言之，战略是一种指导思想而商业模式是一种结构或者机制，战略可以影响商业模式但并不等同于商业模式本身。在2008年发表于战略管理领域顶级期刊Strategic Management Journal的“The Fit between Product Market Strategy and Business Model：Implications for Firm Performance”一文中，两位学者进一步指出产品市场战略与商业模式之间是一种互补和相互配合的关系。总体来说，Zott和Amit突出商业模式研究价值的主要思路是针对企业战略的相对概括和抽象，尽管其描述了企业几乎所有的经营活动，但并未针对某一具体的细节展开详细论述。而Zott和Amit（2001，2007，2008）在最重要的三篇文章中一直以“交易结构”为核心至少存在两方面的用意：一是强调商业模式与企业战略之间的区别，其并未具备全局化的研究视角而是更为关注具体的经营层面和结构安排；二是以一条主线勾勒出商业模式的全貌并对纷繁复杂的商业要素如产品、业务、供应商、客户、市场、收入、成本等加以统合，从而使这一概念变得相对清晰和易于理解。这一思路与Teece

（2010）以价值流转活动为核心串联起整个商业模式要素的思想形成了高度一致，而后者在解释商业模式与企业战略之间的关系时使用了一种更为巧妙的论述方式。在2018年发表于战略管理权威期刊Long Range Planning的“Business Models and Dynamic Capabilities”一文中，Teece对商业模式与企业战略之间的关系进行了阐述，他认为尽管一些商业模式定义中同时包含了与战略相关的内容，但两者之间应加以区分：战略是企业为应对挑战、建立竞争优势所做的一系列分析、概念、政策、论据和行动（Rumelt，2011），而战略分析通常会导致企业选择某一特定的商业模式进入市场，这一过程也往往伴随着商业模式的革新（Casadesus - Masanell和Ricart，2011）。换言之，商业模式是企业战略的延续，目的就是提升企业的竞争力，其设计应当与战略密切相关。但随着新型通用技术的出现，商业模式的设计往往会依附于某项特定的商业要素并形成一定的限制，通过确定成本和盈利能力，商业模式会影响战略的可行性，因此当两者之间产生冲突时，高层管理者往往需要在“是否改变企业战略”以及“是否更改商业模式”这两个问题上做出取舍。Teece（2018）的论述是对商业模式与企业战略之间关系的一种总结，如果继续将商业模式视作企业战略的一部分，那么可以将之理解为“实现了的企业战略”，即战略在企业具体经营层面或者各个商业环节的表现；如果将商业模式的重要性提升至可以反向影响企业战略的高度，那么就可以将其视作一种新型的决策分析工具。两种理解方式均揭示了商业模式与企业战略之间存在显著区别。

### 2.1.2 商业模式的主要研究领域：视角、主线与近期发展

在商业模式理论发展后期，共出现了三篇较为经典的对商业模式理论加以梳理和总结的文献述评，本书将对这三篇文章的主要内容和观点予以简单描述。

第一篇是Zott、Amit和Massa于2011年发表于管理学权威期刊Journal of Management的“The Business Model: Recent Developments and Future Research”一文。该文对1975—2009年所有与商业模式相关的文献进行了系统的总结和梳理，在总结出了电子商务和信息在组织中的应用、战略管理、创新和技术经济管理三个主要方向的同时，对每个领域的商业模式定义和构成、主要研究内容加以系统阐述。文章最后归纳出了有关商业模式的四个一般命题：第一，商业模式将作为一个新的分析单元存在并成为连接旧有分析单元如企业、网络之间的桥梁；第二，商业模式研究者通常使用一种整体而系统的视角阐述论点，而不是仅仅描述“企业是做什么的”以及“企业如何做到这一点”，考虑后者将为商业模式的定义带来进一步的挑战；第三，许多学者将核心企业与供应商、客户、合作伙伴之间的经济活动作为商业模式概念体系的一部分，这使得商业模式成为一个以特定公司为中心但跨越了公司边界的活动系统；第四，商业模式的研究重心逐渐由“价值捕获”的环节转移至“价值创造”的环节，并在不忽略前者的前提下更加强调后者的作用。总体而言，Zott等（2011）的文章对数十年以来商业模式的主要研究内容进行了较为全面的论述，但作者也同时指出，处理好商业模式与其他相似概念之间的关系和差异是在未来进一步推进这一研究领域的前提和关键所在。

第二篇是Wirtz、Pistoia、Ullrich和Göttel四位学者于2016年发表于战略管理领域权威期刊Long Range Planning的“Business Models: Origin, Development and Future Research Perspectives”一文。该文对商业模式的概念起源和发展历程进行了较为详细的考察，并对各个商业模式的定义和观点进行了较为深入的分析。文章根据以往的文献总结出了商业模式中最为重要的几个组成部分，包括企业战略、无形资产、网络关系、客户、市场供给、收入模型、服务提供、采购程序和财务模型。在将上述几个方面进一步加以整合和提炼后，Wirtz 等（2016）将完整的商业模式构成用一张概念图的方式予以呈现，如图 2-1 所示。之后，文章对有关商业模式的定性研究和定量研究加以梳理，并提取出了三个最为重要的研究主题：商业模式的概念（定义和范围）、商业模式的结构（形式和组成部分、价值系统、成员和互动、创新）、商业模式的管理过程（设计、实施、运营、改变和演进、绩效和控制）。文章最后通过专家调查的方式对未来可能的研究方向进行了探索，问卷结果显示在静态商业模式研究中，专家最为关注的问题在于商业模式构成要素之间的内在联系以及商业模式的定义问题；而在动态的商业模式视角中，商业模式的变化、演进和创新被认为是最值得关注的命题。与之前 Zott 等（2011）所做的文献综述相比，Wirtz 等（2016）主要还是以商业模式的定义和构成为主线串联起整个领域的研究，并尝试着将以往多个视角的文献整理出一个相对直观的概念视图（见图 2-1）。但从图 2-1 反馈出的商业模式完整构成来看，如此复杂的内容却反而令商业模式这一概念变得更加模糊不清，以致作者本人都没有得出一个相对清晰的定义。由此可见，将商业模式所有相关文献中的各个要素加以提取和整合并不能有效地帮助研究者更好地理解商业模式这一概念，相对而言，Amit 和 Zott（2001）、Teece（2010）以关键要素为核心的定义方式可能是更为现实和合理的做法。

第三篇是 Foss 和 Saebi 在 2017 年发表的"Fifteen Years of Research on Business Model Innovation: How Far Have We Come, and Where Should We Go?"一文，该文同样发表于管理学权威期刊 Journal of Management。与前两篇文献综述相区别的是，Foss 和 Saebi（2017）的文章重点关注的是商业模式的创新问题（Business Model Innovation），两位学者对 2000—2015 年发表的有关商业模式创新的 150 篇文献进行了梳理和总结。在对商业模式创新这一研究领域逐渐在商业模式理论体系中得以发展的过程进行总结后，作者

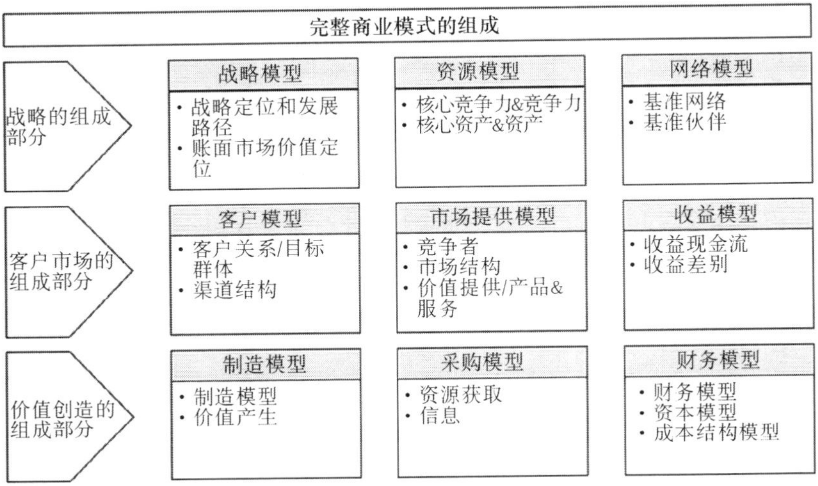


**图 2－1　Wirtz 等（2016）基于以往文献描述出的商业模式完整概念**

概括出了商业模式被现有文献应用的三个主要方面：用作企业分类、作为企业绩效异质性的前因影响公司业绩以及作为一种潜在的创新单位。而第三个方面则构筑起了商业模式创新理论得以发展的首要前提。文章同时对商业模式创新理论的四个主要研究领域进行了总结：概念问题、组织变革过程、产出与结果，并对每个研究领域的主要研究内容、优缺点进行了详细分析。在文章的最后，两位学者指出当前商业模式创新理论的研究仍存在以下四方面的挑战：第一，商业模式创新的定义和具体维度目前尚无定论，这就大大增加了讨论这一问题的难度；第二，有关商业模式创新应明确其前因后果以更好地用于解释经济现象；第三，应明确具体的调节变量，现有关于商业模式创新的研究通常将组织能力、领导力和学习效应纳入研究框架却忽视了其他因素的影响；第四，边界问题，商业模式创新在不同类型的企业中所发挥的作用可能有所差异，未来需引入不同企业样本之间的比较研究。综合来看，Foss 和 Saebi（2017）单独将商业模式创新作为一个具体的细分领域加以强调无疑是为了提升商业模式创新的理论地位，使之与产品创新、技术创新等达到近似或等同的重要位置，但在商业模式这一具体概念尚且存在较大争议的环境下，何为商业模式创新也随之变成了一个相对模糊的概念。此外，商业模式创新究竟是渐进的还是跳跃式的，是由个人想象力驱动还是基于特定的技术要求，创新之后又如何保证成果顺利转化为竞争优势并且不被其他企业轻易地模仿和取代，这些都是事关未来企业发展的非常重要的命题，并且需要理论界予以探索和解答。

上述三篇文章已大体勾勒出了数十年以来商业模式研究的基本框架和主要问题，相关作者也均是长期关注商业模式领域的知名国外学者。但从这三篇综述的总结情况来看，商业模式的研究依然存在相对混乱的问题。尽管随着其他学科知识的不断引入，商业模式的内涵和外延都在不断丰富和扩大，但一些基本的问题如概念定义等却始终未能形成统一的意见。正如 Zott 等（2011）所指出的那样，“有关商业模式的定义和观点在不同学者之间通常难以调和甚至是互相矛盾，以至于为后进入的研究者带来了巨大的困扰”。如此看来，仍然需要寻找到一条主线对以往的商业模式研究加以串联和概括。

如前文所述，不同的学者对商业模式本质的理解存在显著的区别，尽管国外学者未就商业模式的概念、构成和边界问题达成一致意见，但目前已基本确立了组织与信息技术应用、战略管理、创新与技术管理三个基本的研究视角（Zott 等，2011）。而从后期商业模式理论的进一步发展来看，战略管理视角的研究显然占据了主流地位，这之中既有 Zott 和 Amit、Teece 等战略管理领域权威的推动所做出的贡献，也是商业模式领域学者为寻求理论支持、提升这一领域相关问题探讨的必要性和重要性的必然结果。因此，商业模式的作用和定位也逐渐倾向于帮助企业获取竞争优势。对于商业模式的作用，有的学者认为商业模式对企业的价值创造和竞争优势有较强的解释力度，如 Markides 和 Charitou（2004）认为商业模式代表了竞争优势的一种可能来源，新颖有效的商业模式会导致更优的价值创造（Morris 等，2005）；Chesbrough（2007）认为企业可以通过商业模式将创新的思想和技术商业化，转化为市场结果，从而充分实现技术的商业价值，上述文献基本均在强调商业模式的落脚点在于创造价值。由于战略管理领域的研究通常将企业的经营业绩视作一种竞争优势的前置变量，而价值创造又是企业最终捕获价值并实现收益（将顾客支付转化为利润）的前提，因此后期的商业模式研究主要以“价值”为核心便显得顺理成章。而以价值为核心的商业模式理论体系又相对容易理解和带入具体的研究情境进行分析，于是便在实务界形成了较为深远的影响。国际会计师联合会（IFAC）、英格兰及威尔士特许会计师协会（ICAEW）以及 Black Sun 公司均在针对商业模式开展并撰写的调查报告中将其描述或定义成一种“创造价值”或者“赢取利润”的架构或机制。以价值为核心定义商业模式的隐含假设是将价值的流转作为企业经营活动的主要内容，一切经济要素如资源、组织结构、管理活动、客户关系等均要围绕价值的生产和传递进行，典型代表就是 Teece（2010）所提出的商业模式定义。与单纯强调市场竞争的商业模式分析框架相比，强调价值循环的商业模式概念框架的优势在于其更好地描绘了某一经济主体与其他经济主体之间的关系，甚至可以脱离某一特定类型的经济组织进行诸如企业群、战略联盟以及非经济组织如市政、环保系统等层面的分析。在实践应用层面，国际综合报告委员会（IIRC）于 2013 年 12 月发布的《国际综合报告框架》将商业模式描述为“投入—商业活动—成果/产出”的整体模型，其所遵循的思路正是以价值的流转为核心的。

由于商业模式的概念主要源自战略管理领域且其往往作为一种分析工具而存在，因此目前文献中多理论探讨，实证研究较少。少有的商业模式实证研究也主要将研究视角局限在关注商业模式的经济后果，具体则为商业模式对企业绩效的影响，其中的经典文献是Zott 和 Amit 发表的一系列文章（Amit 和 Zott，2001；Zott 和 Amit，2007，2008）。在对欧洲和美国上市的 59 家电子商务企业进行系统研究后，Amit 和 Zott（2001）提出了商业模式创造价值的四种来源：效率（低搜寻成本、高选择空间、信息对称、简单、迅速、规模经济）、新颖（新的交易结构、内容和参与者）、锁定（高转换成本、高度的网络化及外部性）和互补（产品与服务之间的互补、线上业务与线下业务的互补、技术之间的互补、商业活动之间的互补），并据此提出了四种商业模式的类型。随后，Zott 和 Amit（2007）以 IPO 报告、企业年度报告、分析师研报和企业官网等所能获取的数据为基础设计出了一套衡量商业模式典型程度的评分体系和计量量表，并以创业企业作为研究对象考察了以效率为核心和以新颖为核心的两种不同的商业模式如何对企业业绩产生影响，结果显示新颖型商业模式在提升企业业绩方面表现出了更好的效果。进一步的研究显示两种不同的商业模式存在互斥属性，同时将两者纳入同一企业会导致企业的经营业绩变差。之后，为了深入考察商业模式选择影响企业业绩的具体机制，Zott 和 Amit（2008）再次以 IPO 企业作为研究对象检验了产品市场战略、商业模式类型和企业经营业绩三者之间的关系，研究发现以差异化、成本领先和率先进入市场作为产品市场竞争战略的新颖型商业模式更能有效提高企业的经营业绩。Zott 和 Amit 的一系列研究是最早采用定量方法对商业模式进行分类和计量的文献，这一研究思路在后期形成了较为深远的学术影响。Wei 等（2017）以中国制造业企业为样本的研究显示制造的灵活性促进了以效率和新颖性为中心的商业模式设计和随后的企业绩效；制造灵活性与以效率为中心的商业模式设计之间的关系因竞争强度而加强，但因需求异质性而减弱，新颖型商业模式则刚好相反。Pati 等（2018）按照 Zott 和 Amit（2007，2008）的方法对 241 家印度中小型企业进行了考察，结果显示新颖型商业模式较为适合年轻的中小型企业而效率型商业模式更加适合相对成熟的中小型企业，外部环境要素可以正向调节新颖型商业模式与企业业绩之间的关系，却负向调节了效率型商业模式与企业业绩之间的关系。我国学者程愚等（2012）在 Zott 和 Amit（2007，2008）的基础上结合我国企业的管理实践对商业模式分类进行了有针对性的改进，并据此考察了以生产技术创新为主题和以经营方法创新为主题的商业模式两种不同的情境下“营运差异化”和“营运确定化”对企业绩效的影响，结果显示两种营运效率指标在后者影响绩效的过程中发挥了显著的中介作用。

从理论发展源头来看，商业模式创新理论同样与战略管理领域有着密切的联系。随着全球化发展、技术进步加速，企业竞争压力逐渐增加，旧有的产业格局受到颠覆，由此导致既有的商业规则被打破，成功的商业模式被模仿，超越的风险逐渐增加（Tucker，2001），企业为确保现有的竞争地位而不得不重新思考持续创新和重构商业模式的方式，由此便产生了商业模式创新理论。Voelpel 等（2004）是较早基于动态化的视角研究商业模式创新的学者。他们认为，全新的可持续的竞争力只能从基于破坏性创新的商业模式再造中获得，而不是渐进的改变和持续的改进，企业可以从客户、技术、商业基础架构、盈利能力等维度再造商业模式。Johnson 等（2008）发表于 Harvard Business Review 的文章则采用了更为醒目的“Reinventing Your Business Model”作为标题，文章引用《经济学人》杂志的调查和 IBM 面向全球 CEO 的调查结果强调了商业模式创新对企业而言的重要性，并从顾客价值主张、利润公式、核心资源和关键过程四个角度全面解析了重塑商业模式的具体路径，这一文献也成为 Huang 等（2012，2013）设计商业模式创新问卷测度项目的理论依据。而关于商业模式创新理论的研究方向，现有文献大致可以分为四个维度（Foss 和 Saebi，2017）：第一个维度是基础概念研究，包括商业模式创新的概念定义和可行方法

（Santos 等，2009；Teece，2010；Sorescua 等，2011）；第二个维度是组织流程管理视角，强调不同组织间的商业模式创新差异、内部支持机制、经验与学习的重要性以及管理实践工具（Deshler 和 Smith，2011；Achtenhagen 等，2013；Evans 和 Johnson，2013）；第三个维度将商业模式创新视作由组织变革所引发的结果，研究内容以针对部分行业、市场的特定情境研究和案例研究为主（Abdelkafi 等，2013；Holm 等，2013）；第四个维度关注商业模式创新的经济效果，包括直接业绩产出（Cucculelli 和 Bettinelli，2015）和创新绩效产出（Zott 和 Amit，2008；Wei 等，2014）两类。目前的实证研究大部分将会计或市场绩效指标视作商业模式创新为企业带来的经济效果，这些绩效指标既包括营业收入增长率、资产回报率等会计指标，也包含以 Tobin's Q 为代表的市场指标。部分学者将商业模式创新作为企业转型革新的核心工具（Demil 和 Lecoq，2010），实证研究也发现商业模式创新和商业模式复制皆有助于企业提升盈利能力，但强调商业模式复制更多的大企业和强调商业模式创新更多的小企业在同等条件下的表现优于同规模的公司（Aspara 等，2010）。还有学者考察了商业模式创新对企业绩效提升的先决条件和适用范围，Huang 等（2012）的研究发现目标成本管理法的实施对商业模式创新和企业业绩的提升具有正面作用，当企业的产品多元化水平较高时效果更为明显。Huang 等（2013）针对 141 家台湾中小企业数据应用结构方程建模（Structural Equation Modeling，简称 SEM）的研究显示开放式创新可以缓解组织惯性对商业模式创新和企业业绩所产生的负面影响，而积极推动商业模式创新将有助于企业提升经营业绩。Cucculelli 和 Bettinelli（2015）的实证研究表明对无形资产的投资是商业模式创新影响企业业绩的重要调节变量。Wei 等（2014）检验了开发性创新和探索性创新对商业模式创新提升企业业绩所起的作用，结果显示开发性创新起到了负面作用而探索性创新起到了正面作用。Kim 和 Min（2015）

研究显示实施商业模式创新时需要合理安排企业内部不同类型的资源，特别需要注意的是互补型资源和冲突型资源在通过设计新商业模式提升企业业绩的过程中起着截然相反的作用。

### 2.1.3 我国学者在商业模式领域的探索

与国外相比，仅就电子商务时期而言，我国商业模式的研究起步并不落后。若以“商业模式”为主题词在中国知网进行检索，最早在题目中包含这一词汇的文献来自曹厚昌于 1985 年发表于《经济与管理研究》的“论‘开放式、多元化、经营型’的批发商业模式”。但该文并未对商业模式这一概念加以解释，其所使用的“商业模式”一词实际上可以解释成“开展或组织商业活动的方式或模式”，这与 1998 年 Timmers 提出相关概念定义之后西方学术界主流的理解和解释相去甚远。但若将时间点后移至 20 世纪末，即互联网技术发展导致电子商务出现，那么国内关于商业模式的研究已然初具雏形：首先是王之为（1997）就戴尔公司的“直销式”商业模式发表评论，但文中将商业模式几乎等同于“销售模式”的论述有待商榷；之后阿群（1998）、王力（1999）和朱珠（1999）分别就互联网时代的电子商务展开探索，并对这一新型商业模式的特征、国外成功案例、中国情境下企业推进电子商务建设的问题和对策等进行了详细阐述。在上述初步探索的基础上，2000 年国内涌现出了一系列探讨互联网时代企业商业模式的高质量文章（迟晓英和宣国良，2000；荆林波，2000；荆林波等，2000；黄培和陈俊芳，2000）。其中，中国社科院财贸所电子商务研究所的荆林波博士是国内最早对商业模式进行系统研究的学者，他在“B2B 商业模式的比较研究”一文中对商业模式的定义、国外的相关研究等基础问题进行了梳理和总结，并尝试提出了商业模式的概念：商业模式是指一个企业从事某一领域经营的市场定位和赢利目标，以及为了满足目标顾客主体需要所采取的一系列的、整体的战略组合。与后期 Timmers（1998）、Amit 和 Zott（2001）等国外学者所提出的概念相比，荆林波（2000）的商业模式定义在强调交易关系、战略定位等方面表现出了一定的超前性，只是其并未明确指出商业模式与企业战略之间的关系，也没有就这一问题展开更深层次的讨论。在这之后，国内有关商业模式的研究日趋成熟，研究内容和主题可以概括为以下几个方面：

一是对商业模式的要素分类和理论体系进行探讨，例如，罗珉等（2005）从租金的角度解释了商业模式的创新机制，作者认为获取经济租金是企业实施商业模式创新的重要驱动力。原磊（2007）以价值创造为核心提出了商业模式的“3－4－8”构成体系；魏江等（2012）提出了客户价值主张、价值创造、价值获取为主要内容的商业模式系统化研究框架；程愚和孙建国（2013）深入一家典型企业进行走访调研，在获取各项原始数据后运用扎根理论的研究方法分析并加工数据，总结出了价值成果、资源和能力、决策三项商业模式基本要素，并阐述了不同要素之间的理论联系。刘凯宁等（2017）提出了一种通过分析价值链的方式选择商业模式的可行方法，包括商业模式要素和指标评价体系、如何对要素进行筛选以及确定评价指标权重并通过计算得出最优商业模式的具体方法。李鸿磊（2018）以价值创造为主线设计出了商业模式的“九分法”：焦点企业的角色包括“产品生产者”“伙伴引入者”和“平台提供者”；商业模式创造价值的三个环节则包括研发生产、营销交易和服务体验；焦点企业角色和价值创造环节的两两相交则构成了“九宫格”式的商业模式分类。

二是基于某一特定视角或者情境展开的商业模式研究，如高闯和关鑫（2006）定义了从价值链的角度创新商业模式的几种方式和相关机理；赵晶等（2007）探索了面向低收入群体的商业模式创新路径；王琴（2011）从价值网络的角度强调了新型网络化商业模式创新与传统价值链式商业模式创新的主要区别，并以此为基础提出了五种创新商业模式的方式和路径；魏炜等（2012）构建了基于利益相关者交易结构的商业模式理论，包括定义、构成要素等内容；李长云（2012）探讨了新一代信息技术与商业模式创新之间的关系，并提出了基于学习机制、基于“信息流—知识流—价值流”交叉互动机制、基于知识管理机制三种商业模式的创新路径；宋春光和李长云（2013）基于移动信息技术的传播功能，提出了三种商业模式“元模型”结构——供应链式结构、星形结构和环形结构；李文莲和夏健明（2013）探讨了“大数据”在推动商业模式创新方面所发挥的重要作用，作者认为大数据既可以作为一项新兴技术改进商业模式内部的各项构成要素，也可以通过形成一个完整产业链以及拓展连接与融合的方式从根本上对商业模式加以革新；张越和赵树宽（2014）基于构成要素的视角探讨了企业商业模式创新的本质，并从原始创新、诱发创新、模仿创新三个方面详细阐述了企业实现商业模式创新的具体路径；夏清华和娄汇阳（2014）指出商业模式的系统性特征使其在创新过程中表现出一种维持现有结构稳定的“刚性”，这种特征会成为创新和创造持续竞争优势的“双刃剑”；罗珉和李亮宇（2015）认为互联网时代的商业模式概念应强调新型连接方式下企业价值创造所发生的变化，其中各项新生概念如社群、平台、跨界、资源聚合和产品设计等均为非常重要的构成要素；李端生和王东升（2016）构建了基于财务视角的商业模式“438”研究框架；冯华和陈亚琦（2016）专门针对互联网环境下的平台式商业模式展开探索，作者提出一个基于“时空契合”观念的分析框架，但本质上是对平台化商业模式在互联网技术的支持下合理调和和满足不同顾客之间差异化需求的主要方式进行梳理和总结。史竹琴等（2017）对智能制造情境下的共享商业模式创新进行了研究，文章指出了共享模式建设的几个关键节点：洞察客户价值主张、关键技术的支撑以及通过成本降低吸引潜在用户。

三是运用商业模式分析模型开展案例研究，如邢小强等（2011）以六家在中国本土农村地区进行商业运营的企业为样本展开案例研究，总结出了金字塔底层市场企业商业模式的关键构成维度与主要特征。李飞等（2013）构建出了一个包含价值层面、流程层面和子模式层面三个层次的相对完整的零售企业实施商业模式创新的理论框架，并以海底捞餐饮作为案例分析对象进行了详细解析，最后抽象出了零售企业实现商业模式创新的关键要素和可行路径。姚明明等（2014）对技术追赶情境下企业如何通过商业模式设计提升自身竞争力这一问题展开研究，在系统考察了我国六家典型的技术追赶型企业的商业模式设计及其与技术创新战略的匹配关系后，作者指出商业模式在企业实施技术追赶的过程中至少发挥了与技术本身相近的重要作用，而在与技术创新战略相匹配的过程中，新颖型商业模式可以发挥更好的作用。汪寿阳等（2015）提出了用于分析商业模式隐性知识的 CET@ I 方法论并应用其对广州大学城区域供冷案例进行分析，研究成果揭示了隐性知识对于商业模式创新的重要作用，并回答了“为什么成功的商业模式难以被复制”这一管理学难题。魏炜等（2015）基于利益相关者交易结构的商业模式理论，选择五家典型的变革性高速成长企业探讨了商业模式创新与其高速成长之间的关系。董洁林和陈娟（2015）以小米的商业模式为基础探讨了互联网时代制造商如何重塑与用户之间的关系。任小勋等（2015）提出了可应用于金融企业的商业模式钻石模型，并以平安金融旗舰店为案例进行了详细的分析，指出了该平台模式的优势和不足。武光等（2015）从动态视角考察了战略新兴产业情境下企业如何转换和调整自身的商业模式，在以一家光伏发电企业为对象展开系统的案例研究后，作者发现修补和再造是商业模式转换中的两个主要过程，其中修补可以理解成对原有商业模式的有限调整，而再造则是对原有商业模式的彻底更新。刘刚（2016）以创业企业欧宝聚合物为例从战略和认知视角解析了商业模式结构创新的路径及实现方式。江积海和王烽权（2017）对O2O商业模式的创新路径和演进机理进行了深入分析，通过对品胜展开案例研究总结出了通过变动价值创造载体和价值创造结果两个关键维度。云乐鑫等（2017）针对创业企业如何实现内容创新这一问题展开探索，文章以企业网络理论为基础，通过对案例企业的标志性内容创新事件加以分析，总结出了知识嵌入和学习效应在推动企业商业模式内容创新方面所发挥的重要作用，文章同时指出网络结构和网络行为在企业实施商业模式内容创新的过程中存在着互动关系。吴超等（2017）以“罗辑思维”的成功为案例应用冰山动态反馈模型对其三次商业模式迭代过程进行了深入分析，研究结果显示内外部环境在商业模式变革过程中提供了隐性的知识和推动力，特别是社群经济发挥了巨大的作用；企业家的个人魅力在创业前期发挥的作用较大，后期则需要依赖成熟的组织管理和社群关系维护。姚明明等（2017）以阿里巴巴集团作为案例考察了互联网时代我国后发企业技术追赶过程中商业模式所发挥的作用，研究显示商业模式与技术创新战略之间存在良好的互动关系，两者共同推动了后发企业的技术追赶行为，在这一过程中外部环境所能提供的支持同样十分重要；而技术追赶的成效反过来也会影响企业的组织结构设计和战略选择。张新香和胡立君（2018）以五家互联网企业为例总结出了互联网商业模式中的价值定义、价值实现、价值创造与传递三大构件以及客户价值实现、企业价值实现和网络价值实现的纵向三阶段演化模型。

四是近两年开始数量有所增加的实证研究。胡保亮（2015）考察了商业模式、创新与企业业绩之间的关系，实证结果表明以效率为中心和以新颖为中心的商业模式均对创新双元性具有显著正向影响，创新双元性显著正向影响企业业绩，且对商业模式与企业业绩之间的影响关系起到部分中介作用。魏泽龙等（2017）就开放式学习与商业模式创新之间的关系展开探讨，并对183家高新技术企业的问卷调研数据展开实证分析，结果显示过高的行业内学习对商业模式创新反而会起到抑制作用；恶性竞争在削弱行业内学习与商业模式创新之间关系的同时也增强了行业外学习与商业模式创新之间的关系，竞争强度所起到的作用则刚好相反。孙锐和周飞（2017）以问卷数据为基础考察了社会联系、资源拼凑与商业模式创新之间的关系，研究发现三者之间是相互连接的关系，具体而言社会联系有助于商业模式创新和资源拼凑，但资源拼凑在前两者之间的关系方面产生的作用存在差异。罗兴武等（2017）对商业模式创新影响创新企业绩效的作用机制进行了检验，并考察了合法性建设和政策导向的作用，研究结果显示商业模式创新通过促进合法性建设可以显著提升企业业绩，而政策导向则强化了商业模式创新与合法性之间的关系。张春雨等（2018）针对409家企业的问卷调查数据考察了嵌入要素和合法性对商业模式创新的作用，结果显示结构嵌入和关系嵌入均有助于提升企业的商业模式创新水平，在这一关系中组织合法性起到了部分中介的作用。周飞等（2019）以问卷数据为基础考察了市场导向、资源拼凑与商业模式之间的关系，研究发现先动型市场导向可以促进商业模式创新，反应型市场导向与商业模式之间的关系是“倒U”形的，两者均对资源拼凑存在正向影响，而资源拼凑则在两者与商业模式之间的关系中起到了部分中介效应。王玲玲等（2019）采用212家新企业的数据实证检验了因果逻辑和效果逻辑对新颖型商业模式设计的影响，结果显示两者均对新颖型商业模式起到了推动作用。在有关商业模式的实证研究中，暨南大学的杨德明教授是为数不多的探讨商业模式对公司财务影响的学者，他以自身构建的反映我国传统企业实施“互联网+”程度强弱的指标为基础，相继研究了互联网商业模式与审计收费（杨德明和陆明，2017）、内部控制质量与实施互联网商业模式（杨德明和史亚雅，2018）、互联网商业模式与企业业绩（杨德明和刘泳文，2018）以及互联网商业模式与企业家对外投资和公司估值之间的关系（杨德明和毕建琴，2018），研究结果显示内部控制质量提升可以显著增加企业实施互联网商业模式的概率，互联网商业模式通过差异化这一中介变量有助于提升企业业绩，并通过提升资产专用性强化企业对外投资与公司估值之间的正向关系。但是，互联网商业模式也为审计师的审计工作造成了额外的成本和负担并导致审计费用提升，这一现象在互联网发达地区会得到一定程度的缓解。

综合来看，我国学者对商业模式理论的探索大致经历了“电子商务模式下的初探—理论研究—案例研究—实证研究”的四个阶段。但从现有研究的主题和特征来看，与国外侧重理论支持、概念诠释的基础性研究相比，我国的商业模式研究明显更加重视实用层面，即将商业模式作为一种经济分析工具带入具体的研究情境用以解释企业的成功与否、创新能力、经营业绩等，这一点从案例研究的数量最多、创业领域的研究最为火热以及互联网情境下的话题最受关注便可以看出。然而在研究侧重点存在差异的情况下，国内的商业模式研究还是出现了与国外相似的问题：主线不突出、视角过多导致混乱。尽管近年来已经有学者尝试对商业模式创新展开实证研究，但相关研究或是因为使用问卷数据导致样本数量和代表性相对不足，或是因为过于强调某一类商业模式导致视角过于单一，均存在一些局限。有关商业模式的实证研究，特别是商业模式与公司财务之间的关系研究仍有待推进。

## 2.2 有关资本结构动态调整的研究：理论发源、研究视角与研究成果

### 2.2.1 资本结构动态调整的起源及国外相关研究

就概念定义来看，资本结构动态调整理论所研究的主要问题可

以概括为“企业实际资本结构围绕最优资本结构进行调整”，其概念核心便是“最优资本结构”，后者可追溯至权衡理论的主要观点，即企业存在一个可以使企业价值最大化的资本结构。权衡理论是自 MM 理论提出后对其进行批评和修正的理论之一，代表人物是 Robichek、Kraus、Litzenberger、Scott 等学者。权衡理论认为虽然理论上可以通过增加负债的方式用税盾收益提升企业价值，但随着负债的不断上升，企业陷入财务困境的风险也会逐渐增加，如果发生破产将不可避免地面临破产成本，这就制约了企业通过持续增加负债来提升企业价值的倾向。因此，企业在制定资本结构决策时，需要权衡负债的避税效应以及由之引发的破产成本。根据上述分析，负债企业的企业价值应等于无负债企业的价值与负债的税盾收益相加之后，再减去预期财务困境成本的现值，而当企业增加负债所带来的价值提升与负债上升所引发的财务困境成本恰好处在相等的一个均衡点时，企业的价值达到最大，此时的资本结构即为最优资本结构。权衡理论的主要思想是将企业的资本结构视为对由负债所引发的成本与收益加以权衡后而得到的结果。但之后的一系列其他资本结构理论却并未从这个角度加以延伸，而是将资本结构决策定义为管理层在考虑一系列其他因素的基础上加以选择的结果。如 Myers 和 Majluf（1984）将信息不对称理论引入资本结构分析中，指出投资者在意识到与企业内部人员存在信息不对称之后会将新股发行作为一种负面消息并调低现有股票和新股的价值预期从而导致股价下跌，最终提升企业的股权融资成本，因此管理层会倾向于采用内部留存收益、债权融资、股权融资的顺序进行融资。Ross（1977）从信号传递的角度解释了资本结构的决定因素，他认为由于企业内部管理者与外部投资者之间普遍存在信息不对称，因此高质量企业的管理层会倾向于使用一种低质量企业无法模仿的信号用以传递企业信息，而由于破产概率往往与企业质量负相关而与负债比率正相关，因此高的资产负债率就成为高质量企业用以显示自身经济实力并与低质量企业形成差距的重要信号。Baker 和 Wurgler (2002) 认为企业资本结构是管理层在过去的一段时间内所进行的一系列择时决策累积形成的结果：在市值较高时企业管理层会倾向于进行股权融资，由此财务杠杆水平便会下降；相反在市值较低时企业管理层则会出于降低融资成本的考虑而倾向于使用债权融资，并导致财务杠杆上升。融资优序理论、信号理论和市场择时理论的共同特征就是并不认同企业存在最优的资本结构，资本结构会随管理层为达到特殊目的的行动而加以调整。

上述两种理论的分歧在后期得到了一定程度的调和。首先是资本结构动态理论的出现为两种观点的整合提供了契机。Fischer、Heinkel 和 Zechner（1989）是较早从动态角度考察资本结构调整问题的学者。在构建了一个考虑资本结构调整成本的动态资本结构选择模型并将最优的动态资本结构调整政策呈现为一系列公司特征的函数后，作者发现即便是很小的资本结构调整成本也会导致企业的负债率随时间的推移而大幅波动，而随后的实证研究结果也揭示了动态环境下的资本结构选择模型。Flannery 和 Rangan（2006）的研究则是动态资本结构理论的集大成之作，也是最有影响力的文献之一。两位学者通过模型设计提出了检验资本结构动态调整速度的实证方法并应用美国工业企业数据库 1965—2001 年的数据进行检验，实证检验结果显示长期的目标资本结构在企业中是普遍存在的，每年实际资本结构向目标资本结构调整的速度约为 30%，作者同样发现了市场择时理论和融资优序理论的证据，但相关变量只能解释资本结构变化的不足 10%，远不及目标管理行为超过 50% 的解释力度，除此之外，作者还发现股价变化对资本结构变动仅会产生短暂的影响。Flannery 和 Rangan（2006）所作文章的意义不仅仅在于将多个资本结构理论的研究视角融入同一组数据中加以检验和比较，更为重要的是提出了一种具体的、可操作的衡量企业目标资本结构水平以及资本结构调整速度的计量方法，这一方法构成了后期大量研究迅速跟进这一问题的基础，我国学者的研究也大都遵循了 Flannery 和 Rangan（2006）的模型。就理论观点来看，动态资本结构理论实际上是资本结构理论中不同思想的融合，即将权衡理论和融资优序理论、信号理论、市场择时理论的部分观点和思想加以提取和整合之后的结果，其既承认企业存在着目标（最优）资本结构，又认为管理层需要在考虑一系列因素（如投资需求、调整成本）的基础上对企业的资本结构进行即时的管理和调整。而随着证实企业存在目标资本结构的研究越来越多（Graham 和 Harvey，2001；Lòòf，2004；Flannery 和 Rangan，2006；Titman 和 Tsyplakov，2007；Byoun，2008），动态资本结构理论也逐渐成为企业资本结构研究的全新方向和热门领域，在这之后，围绕着“企业是否存在最优资本结构”这一问题而进行的讨论与争议也就逐渐淡化了。

动态资本结构理论研究的重点和核心问题可以概括为以下两个方面：一是企业实际资本结构与目标（最优）资本结构之间存在差异的原因；二是企业在将实际资本结构以目标资本结构为方向进行调整时，其调整速度会受到哪些因素的影响。关于第一个问题，首先要明确的就是企业的实际资本结构偏离目标资本结构究竟会产生何种影响。尽管动态资本结构理论成型于 20 世纪 80—90 年代，但实际上关于负债率偏高或者偏低的问题的讨论却由来已久。企业的实际资本结构高于最优资本结构将主要表现为企业采用高负债经营，除了直接成立的税盾收益（Modigliani 和 Miller，1963）之外，根据代理理论的主要观点，高负债融资有助于对管理层形成硬性约束并降低代理问题，从而有助于提高市值，增加管理层的个人收益，同时降低企业被接管的风险（Grossman 和 Hart，1982；Jensen，1986；Bessler 等，2011）；此外，根据信号理论的主要观点（Ross，1977），高负债经营有助于高质量企业向市场传递不易被模仿的信号，从而使外部投资者增加投资信心并提升企业市值。但是，一方面，过高的负债率也有可能引发破产成本（Kraus 和 Litzenberger，1973），而由于代理问题的存在，管理层也有可能通过资产替代和风险转换的方式将股东追求高风险的投资倾向转移至由债权人承担（Jensen 和 Meckling，1976）；另一方面，根据“负债悬挂理论”（Myers，1977），高负债企业的管理层会拒绝 NPV 为正但主要为债权人提供收益的投资项目并引发投资不足的问题。当企业的实际资本结构比目标资本结构更低时，企业会处在一个相对较低的负债水平，这有助于向员工、供应商、客户等利益相关者传递企业不会破产的信号（Titman，1984），而低负债经营也有助于企业持有更多的现金并保持较高水平的财务灵活性（Bessler 等，2013）。与此同时，过低的负债率也就意味着管理层放弃了相关的税盾收益，同时自由现金流的增加也会容易引发过度投资等代理问题（Jensen，1986）。

那么，既然当实际资本结构与目标资本结构之间存在偏差时企业会遭受价值方面的损失，为何管理层不能持续将实际资本结构调整至目标资本结构？调整成本的存在可能是制约这一行为的最大原因。调整成本是指企业在将实际资本结构水平调整至目标资本结构水平的过程中所需要支付的一系列成本，包括固定成本的会计费用、资产评估费用、律师费用等，以及变动成本的与企业经营业绩和股价水平相关的成本（Faulkender，2008）。当调整成本为 0 时，企业可以随时将实际资本结构调整至目标资本结构的水平并消除两者之间的差距，而当调整成本无限大时，即便实际资本结构与目标资本结构之间存在些许差距，企业考虑到难以支付调整成本后也会放弃相应的调整行为（Flannery 和 Rangan，2006；Cook 和 Tang，2010）。换言之，由于存在调整成本的问题，企业在实际资本结构偏离目标资本结构之后往往只能进行部分调整，其调整速度也相对较慢。Byoun（2008）的实证研究结果显示低杠杆企业比高杠杆企业的调整速度更加缓慢，原因在于就调整成本而言，减少债务的成本比增加债务更低，而调整成本与企业的实际杠杆水平、现金持有水平等都是密切相关的。

动态资本结构理论研究的第二个主要问题就是企业将实际资本结构调整至目标资本结构的速度问题。通常情况下，从经济意义的角度考虑，企业的实际资本结构长期严重偏离目标资本结构所带来的成本是高昂的，因此资本结构偏离度大的企业会更加倾向于加快向目标资本结构调整的速度（Drobetz 和 Wanzenried，2006）。但在实际的经营环境中，因为企业的资本结构决策会受到外部环境因素以及自身各项特征的影响，所以不同企业的资本结构调整速度往往并不一致。在外部经济环境和制度环境的影响方面，Lööf（2004）的研究显示，以英美为代表的股权融资主导企业的资本结构调整速度要显著高于以瑞典为代表的债权融资主导企业。Öztekin 和 Flannery（2012）使用一组跨国数据考察了不同国家的制度因素对企业资本结构调整速度所产生的影响，研究发现由于更好的制度可以显著降低交易成本，因此法律和金融传统是影响资本结构调整速度的重要因素，在上述制度方面具备优势的国家其企业的资本结构调整速度也相对较快。除此之外，宏观经济环境也是影响企业资本结构调整速度的重要外部因素，当经济繁荣时企业的资本结构调整规模会相对较大、速度较快，经济衰退时则刚好相反（Drobetz 和 Wanzenried，2006；Cook 和 Tang，2010）。企业特征方面，Drobetz 和 Wanzenried（2006）的研究显示，当企业的成长能力相对较强时，其实际资本结构向目标资本结构调整的速度也会相对较快，这主要是由于高成长企业可以更为敏捷地通过改变融资组合的方式实现资本结构调整。Byoun（2008）发现大多数资本结构调整行为主要发生在以下情境：企业实际资本结构高于（低于）目标资本结构，且企业自身存在盈余（赤字）。这说明资本结构偏离度和现金持有水平是影响企业资本结构调整速度的重要因素。Faulkender 等（2012）的研究显示了类似的结果，即现金流不仅影响企业对目标资本结构的定位，还会影响其将实际资本结构调整至目标资本结构的速度，同时资本结构调整速度在不同企业之间表现出异质性的主要原因在于调整成本的差异。

### 2.2.2 我国学者对资本结构动态调整问题的研究

自动态资本结构理论提出后，我国学者同样对这一问题表现出了较高的关注度，而最早的一批研究主要关注我国资本市场中上市公司这一群体整体层面的资本结构偏离程度及调整速度。童勇（2004）构建了一个资本结构动态调整模型，运用我国上市公司数据进行研究后发现我国上市公司普遍不能将实际资本结构调整至最优状态，其可能的原因在于交易成本相对较高，企业规模、成长性与财务杠杆水平正相关而非债务性避税、流动性和盈利能力与财务杠杆水平负相关。屈耀辉（2006）运用 742 家企业 1991—2004 年的非平行面板数据检验了我国上市公司的资本结构调整方向和调整速度，结果显示我国上市公司年度间的资本结构调整速度处在一个较低的水平；企业时常会将实际资本结构向背离目标资本结构的方向调整，且经常发生过度调整的现象；企业在本期的调整速度与上期调整速度显著负相关。连玉君和钟经樊（2007）的研究证实我国上市公司普遍存在最优资本结构，但企业在考虑到相关调整成本后只能部分地缩小实际资本结构与目标资本结构之间的差异；资本结构调整速度主要会受到以下几个因素的影响：资本结构偏离度、企业规模、成长性、行业及时间。王正位等（2007）的研究同样支持了我国上市公司存在目标资本结构的观点，但在调整速度方面发现了新的结论：实际资本结构在向目标资本结构进行调整时向下调整的速度要小于向上调整的速度，这主要是由于我国股票市场存在 IPO 及再融资门槛等诸多限制，其摩擦程度要高于银行贷款市场。之后学者们对资本结构动态调整问题的研究可以简要归纳为宏观和微观两个视角。

宏观视角大多关注外部环境因素对资本结构动态调整的影响。姜付秀等（2008）利用我国上市公司1999—2004年的数据检验了产品市场竞争水平对资本结构调整的影响，作者认为资本结构的管理应该与产品市场战略相匹配，当企业所处的竞争环境较强时，实际资本结构偏离目标资本结构的程度应该越小，其向目标资本结构靠拢的趋势也应更强，后续的实证结果支持了这一观点。之后黄继承和姜付秀（2015）的研究进一步显示当产品市场竞争较为激烈时，企业将实际资本结构调整至目标资本结构的速度也会更快，但这一影响机制仅在资本结构向上调整时成立。黄辉（2009）用国债息差、GDP增长率等作为宏观经济环境的代理变量考察了其对企业资本结构调整速度的影响，研究结果表明两者之间存在正相关关系，良好的外部经济环境可以提升企业的资本结构调整速度。姜付秀和黄继承（2012）利用1999—2008年A股上市公司的数据考察了市场化进程对资本结构动态调整的影响，研究发现市场化水平的提高对缩小资本结构偏离度、提升资本结构调整速度均有助益，且上述效果在国有和非国有企业中均能成立，但仅在高负债水平下作用显著。雒敏和聂文忠（2012）采用我国435家上市公司1999—2009年的平衡面板数据考察了财政政策和货币政策的变化如何影响企业的资本结构动态调整能力，研究结果支持了增加财政支出和货币供给可以提升企业将实际资本结构向目标资本结构调整的速度的结论；降低企业所得税会导致企业的资本结构调整速度下降；而降低利率则只能对资本结构向上调整的速度构成正向影响。于蔚等（2012）探讨了在经济转型时期，发生外部宏观冲击时企业的资本结构调整会受到何种影响，实证结果显示宏观冲击对企业资本结构调整的影响会因融资约束水平的不同而存在一定差异，若企业所面临的融资约束水平较高，则其资本结构调整受容量性指标的刚性制约较大，相反融资约束程度低的企业对成本性指标的变动更为敏感。江龙等（2013）系统考察了经济周期波动如何影响我国上市公司的资本结构调整方式，研究证据揭示了在不同的经济周期中企业的资本结构调整速度存在非对称性的结论，其中，面临融资约束的企业其资产负债率会呈现顺周期变化，非融资约束企业则刚好相反。黄继承等（2014）考察了区域法律环境对当地企业资本结构动态调整能力的影响，研究发现更好的法律环境通过完善债务融资这一具体路径对提高企业的资本结构调整速度产生了积极作用。宋献中等（2014）以2002—2012年我国A股上市公司的面板数据为基础检验了货币政策对企业资本结构动态调整产生的影响，结果显示当货币政策相对较为宽松时，企业的资本结构调整速度会得到显著提高。

微观视角的相关文献则更为关注企业内部的各项要素对资本结构动态调整的影响。盛明泉等（2012）认为，国有企业预算软约束的存在使得其在面临资金相对紧张的情形时可以及时获得来自政府方面的支持，因此其优化和管理资本结构的动力会有所下降，负债的治理效应也会形同虚设，后续的实证研究也证实了这一观点，即国有企业预算软约束程度越大，资本结构偏离度越大且资本结构调整速度越慢。姜付秀和黄继承（2013）考察了CEO的财务经历对资本结构动态调整的影响，两位学者以CEO变更事件为基础构建了双重差分模型（Differences - in - Differences，简称DID），实证结果显示具有财务经历的CEO显著提高了企业的负债水平，在提高资本结构调整速度的同时也降低了实际资本结构偏离目标的程度。盛明泉等（2016）发现，股权激励作为一项公司治理机制同样会对资本结构调整速度产生正向影响，且这种正面的促进作用在资本结构向下调整时更为明显。

### 2.2.3 简评

若从理论贡献的角度加以审视，动态资本结构理论的提出和发展不仅调和了以往资本结构理论之间的一些分歧，还大大拓展了资本结构领域的研究空间，使得这个从1958年MM定理以来一直作为公司财务领域核心的命题得以顺利延续并持续引发新的讨论。目标资本结构的存在以及围绕其所进行的一系列调整活动不仅赋予了资本结构决策新的目标和意义，诸如调整成本、调整速度等问题更是为宏微观视角的结合提供了新的中介桥梁。但从国内外学者现阶段所取得的研究成果以及相关文献的研究主题来看，现有资本结构动态调整的研究仍存在一些问题：第一，研究视角偏向宏观，这一点可从文献数量的对比中看出，尽管有学者指出微观视角的资本结构调整研究可能无法得出理想的结果（屈耀辉，2006），但站在企业的角度审视资本结构调整问题仍然是必要的，否则便无法把握更为全面的影响企业资本结构调整的因素。第二，以往基于微观视角考察资本结构调整问题的文献也存在研究视角方面的局限，极少有研究考虑较为综合的因素，如企业战略、商业模式等对资本结构调整的影响。从概念从属关系的角度来看，企业对资本结构的管理和调整本质上是财务战略的一种，而财务战略又是企业整体战略的一部分，因此可以认为企业战略是影响资本结构决策的终极变量。商业模式是企业战略具象化的表现和中间结构，其对资本结构管理的影响构成了整体企业战略与具体资本结构决策之间的中间环节。特别是在当今新兴技术的发展和应用导致企业的经营方式和经营业态发生重大改变的环境下，探讨不同的商业模式类型影响企业资本结构动态管理决策的方式和路径便具备了更为重要的意义。

## 2.3　有关商业信用的文献：理论发展、主要研究视角与局限性

### 2.3.1　国外的商业信用研究

商业信用主要是指企业在商品交易中由于延期付款或预收货款

而形成的短期借贷关系。国外的商业信用研究源自 Meltzer（1960）对信贷配给的讨论，他在“Mercantile Credit, Monetary Policy and Size of Firms”一文中指出由于金融市场的不完善，商业银行往往会对申请贷款的企业进行严格地筛选，从而构成信贷配给，这种信贷配给对大型企业有利而不利于小企业融资。于是，更容易获得融资的大型企业会通过提供商业信用、延长收款期限的方式为小企业提供短期借贷支持，而这种短期借贷关系的维持也很好地缓解了货币紧缩环境下信贷配给对小企业的融资所带来的冲击。随后，Stiglitz 和 Weiss（1981）对信贷配给的成因进行了深入分析，两位学者指出信息不对称是导致这一现象出现的根本原因，由于事前逆向选择和事后道德风险的存在，银行一方不得不设计出一系列贷款资质限制机制以防止“劣质”贷款申请者入场。由于债权人通常作为被动投资者出现，其无法掌控企业的发展状况并及时获取信息也是顺理成章的结果。那么，如果是长期与企业发生交易关系的供应商，其是否会在获取信息并对企业实施监控方面具备优势？Burkart 和 Ellingsen（2004）的研究给出了肯定的答案。除此之外，两位学者还从契约签订的角度解释了商业信用与银行贷款之间的区别，作者认为对于机会主义借款者而言转移资金的收益相对于转移实物投入而言更大，因此银行贷款的限制条件通常更为严格而商业信用的获取则相对宽松。综合来看，供应商在对企业达成充分了解的前提下为其提供商业信用融资，在微观层面可以为商业信用获取方提供替代性融资以缓解信贷配给的不利影响，在宏观层面则构成了金融资源的二次分配，这有助于提高整个金融市场对金融资源的配置效率。自此以后，商业信用的理论发展也逐渐形成了两个截然不同的方向。

其中一个方向从替代性融资角度出发并采取了宏微观相结合的研究视角。其代表便是 Petersen 和 Rajan（1997），两位学者对商业信用融资的优势进行了较为全面的论述：第一，供应商在提供商业信用时可以通过及时、高效、低成本的方式获取企业的相关信息，而通过对其订单、交货时间和付款时间加以监控也可以适时掌握企业的经营状况，并可在评估相应的风险后采取相应的管理控制措施，这种信息优势和监督效应是作为被动投资者的商业银行所无法达成的条件；第二，供应商可以通过业务往来如供货合同、订单等对企业施加控制，由于在实际的经营条件下更换供应商往往会导致企业一方付出较高的信息收集、谈判和签订合同的成本，因此企业往往会对主要供应商产生一种经济意义上的依存关系，这样供应商就可以通过威胁停止原材料供应或者撤出合作关系等方式迫使企业遵守相关商业信用合约，其控制力度要显著大于商业银行以破产重组为主要方式的限制方式；第三，在企业实际发生经营失败、破产等问题时，由于已经建立起了充分的销售体系和销售渠道，供应商可以在索要回部分原材料、中间品后对其进行二次销售，此时具备抵押品性质的货物可以在供应商的手中以相对较低的成本实现变现，但对于银行一方来说，即便通过破产清算程序取得了部分抵押品，由于其并不具备成熟的销售渠道，变现之后所能弥补的损失也相对有限。随后两位学者对美国3404家小规模企业的商业信用使用情况进行了考察，结果显示不能从银行获取贷款的企业会更多地使用商业信用，而那些较容易获得贷款的大企业则往往会成为商业信用的提供者。Rajan和Zingales（1995）对1991年美国企业的研究显示，在企业的总资产中有高达17.8%的部分为商业信用；而英国短期债务总额的70%和信用总额的55%是商业信用（Kohler和Stowe，2000）。Biais和Gollier（1997）从缓解信息不对称的角度对商业信用的独特优势加以解释，随后的实证研究结果表明与银行关联度较弱的企业会倾向于使用商业信用，而现金流生产能力较强的企业则更有可能成为商业信用的提供者。Danielson和Scott（2002）的研究通过运用最近一次贷款的成功与否以及与银行建立业务关系的时间刻画出了银行信用约束程度的直接和间接指标，而回归结果显示两者均与商业信用的使用水平呈现出明显的正相关关系。Summers 和 Wilson（2002）针对 655 家英国企业数据的研究显示，商业信用确实是一种成本相对低廉的融资方式。但也有学者指出，商业信用的融资成本要远远高于银行贷款（Danielson 和 Scott，2000；Marotta，2000）。

从货币政策角度出发的文章也逐渐增多。Calomiris 等（1995）的研究显示金融资源的配置在货币紧缩条件下会向部分企业倾斜，此时更容易获得贷款的企业会向较难获得贷款的企业增开票据，从而对其进行商业信用支持。Nilsen（2002）发现商业信用对银行贷款具有替代作用，这种效应在货币政策紧缩时期更为明显。作者认为在通常情况下，企业使用商业信用替代银行贷款的成本是高昂的，这主要归结于以下三点原因：第一，商业信用通常伴随着货物往来关系，因而存在一定的限制性条件；第二，商业信用一般期限较短，但延迟付款所带来的隐性成本通常是较高的；第三，商业信用往往伴随着与供应商等的合作关系，因而违约的代价是高昂的。因此，只有在信贷环境整体趋紧导致获取贷款的成本超过使用商业信用进行短期融资的成本时，商业信用才会对银行贷款形成较好的替代作用。Atanasova 和 Wilson（2003）针对英国中小企业的研究显示，由于在货币紧缩时期银行信贷的供给会减少，因此企业会倾向于使用由供应商提供的商业信用以缓解融资约束。Mateut 等（2006）对 16000 多家英国制造业企业的研究结果提供了类似的证据，即商业信用的使用可以抵消信贷政策的影响。之后 Guariglia 和 Mateut（2006）以 1981—2000 年英国制造业企业为样本、以存货投资为切入视角的研究也得出了类似的结论。Love 等（2007）利用 1997 年亚洲金融危机后东南亚企业的数据以及 1994 年墨西哥金融危机后墨西哥企业的数据进行实证检验，发现企业获得的商业信用融资在金融危机之后大幅下降，其中财务状况脆弱企业的下降情况尤其明显。Tsuruta（2012）对经济复苏时期的日本企业融资行为进行考察，研究发现当外部融资环境相对较差时，为了抓住潜在的投资机会，不仅小规模企业会依赖商业信用融资，就连规模较大、信誉较好、抵押资产相对较多的企业也会倾向于使用商业信用，以推动企业投资增长。

在诸多研究之中，Fisman（2001）就金融发展、商业信用和企业增长之间的关系进行了较为全面的论述，也由此拓展出了一个新的研究视角即企业商业信用与宏观经济环境之间的关系。在对五个非洲国家的企业数据进行系统的研究后，他指出由于发展中国家的企业普遍面临较强的信贷约束，企业的存货投资会受制于短期周转资金的缺乏，并影响生产周期的正常运行；此时若能通过商业信用的方式允许企业在确认相关应付款项的前提下先行取得原材料并加以生产，则无疑有助于生产效率的提升。随后 Fisman 和 Love（2003）再次运用 44 个国家 37 个行业的面板数据佐证了上述观点的成立。Messmacher（2001）利用墨西哥企业数据的研究则揭示出了以下结论：商业信用获取与企业投资之间存在着密切的联系。作者认为商业信用可以从资源节约、增加利润和降低不确定性三个角度对企业的未来投资产生正面影响。Demirgüç – Kunt 和 Maksimovic（2001）的研究显示，法律环境对商业信用的使用存在显著影响，法律环境较好的国家中的企业会更多地使用银行信用进行融资，相反当法律环境相对较差时，企业会更多地使用商业信用进行融资。来自中国企业的研究证据同样十分丰富。Allen 等（2005）认为在信贷配给现象长期存在的环境下，以民间借贷、商业信用为代表的非正规融资途径为中国非国有企业提供了一种可供选择的替代性融资方式，在弥补相关法律体系和金融发展不够成熟的同时有效推动了中国经济的高速增长。Ge 和 Qiu（2007）研究发现中国的非国有企业会更多地使用商业信用并将其作为一种融资方式，这说明非正式的融资渠道对于中国的非国有企业而言是十分重要的。Cull 等（2009）针对中国企业的研究显示，那些表现不好的国有企业通常会倾向于将信贷资源通过商业信用的形式重新分配给那些难以获取贷款的企业；与之相反的是只有盈利能力相对较强的民营企业才会乐于对外提供商业信用；综合来看，商业信用的存在对信贷资源的不平衡配置起到了一定的调节作用，但商业信用对银行信贷资源的二次配给并不是中国经济实现爆发式增长的主要推动力。Ayyagari等（2010）的研究则提供了类似的证据，他们应用2400家中国企业样本数据的回归结果显示相较于商业信用这种非正规融资渠道而言，银行贷款对企业成长的促进作用更大。

也有研究不支持替代效应的成立，如Cook（1999）对352家俄罗斯企业的研究显示获得商业信用的企业也更容易获取银行贷款。Ono（2001）利用日本制造业企业数据的研究则指出商业信用对银行贷款的替代关系需要考虑特定情境和企业特征。

与“替代性融资”视角所形成的丰富理论成果相比，从企业交易行为本身出发探讨商业信用动机及影响因素的文章数量相对有限。学者们归纳的商业信用使用动机主要包括降低交易成本（Schwartz，1974；Ferris，1981）、实行价格歧视（Brennan等，1988；Mian和Smith，1992）、传递质量信号（Smith，1987；DeLoof和Jegers，1996；Wilson和Summers，2002；Cuñat，2007）、促进销售（Schwartz和Whitcomb，1978；Emery，1987；Summers和Wilson，2002）以及锁定关键客户（Fisman和Raturi，2004；Van Horen，2005；Fabbri和Klapper，2008）。也有学者试图从市场关系的角度解释商业信用的存在，并形成了买方市场理论（Fabbri和Menichini，2010；Giannetti等，2010）。这一理论的主要观点是认为商业模式的广泛存在可以用买方（需求方）的强势市场地位加以解释，当企业在产业链中处于相对强势的地位且其信用水平良好时，可以充分利用自身的市场优势以较低的成本获取供应商的信用支持；而站在供应商的角度出于及时销货、风险控制等考虑通常也会乐于向这些企业提供商业信用。

### 2.3.2　我国的商业信用研究

与国外研究相比，我国学术界对商业信用的关注和探讨起步相对较晚。童盼和陆正飞（2005）对我国企业的商业信用进行了初步研究，两位学者认为商业信用是企业在经营活动中自然形成的负债，其依赖于特定的交易行为，具有分散程度高、单笔金额小、期限短、无须支付利息等特征；也正因为如此，商业信用对债务人和债权人双方基本上不具备约束力，且存在事前无保证、事中监控难、事后维权难的问题。谭伟强（2006）的研究显示对于我国企业而言，商业信用已然成为一种重要的可供选择的融资手段，企业获取商业信用的能力与企业规模、资本结构、成长能力和国有股比重正相关，与短期银行借款比率和毛利率负相关。而之后的文献大致可以分为三个方向。

一是在宏观视角下探讨商业信用与银行贷款之间是否存在替代关系以及商业信用如何实现对金融资源的再分配功能，这一领域的研究成果最为丰富。如石晓军等（2009）探讨了商业信用、信贷政策和经济周期三者之间的关系，应用 1998—2006 年 284 家上市公司样本的实证结果显示商业信用对信贷政策具有抵消作用，且这种抵消作用是反经济周期的。石晓军和张顺明（2010）对商业信用缓解融资约束的具体机制和经济后果进行了检验，研究结果显示商业信用通过缓解融资约束可以促进规模效率的提高；同时由商业信用所构成的资源配置机制可以实现比银行信贷更大的规模效率。刘仁伍和盛文军（2011）的研究提供了现行贷款体系下我国商业银行对不同类型的非国有企业仍存在一定程度的信贷歧视的证据，而商业信用的存在对银行信用起到了较好的补充作用。陆正飞和杨德明（2011）利用我国上市公司 1997—2008 年的数据实证检验了商业信用与货币政策之间的关系，研究结果显示：在货币政策宽松时期，企业之间的商业信用主要表现为买方市场理论的描述；而在货币政策相对紧缩的时期，替代性融资理论可以更好地诠释我国资本市场中商业信用的特征。饶品贵和姜国华（2013）考察了对于不同产权性质的企业而言，货币政策变化如何影响银行信贷与商业信用之间的相关关系。实证结果表明，在货币政策紧缩时期，与国有企业相比，非国有企业在申请贷款方面所受到的冲击更大，其往往使用商业信用作为银行贷款的替代融资方式。张杰等（2013）对我国银行体系中存在的“所有制歧视”和“规模歧视”的现象进行研究，实证结果在证实上述现象存在的同时也表明商业信用与银行贷款之间存在明显替代关系，这说明商业信用可以对我国的银行信用体系构成必要的补充；国有企业将贷款资源通过商业信用这一渠道转移至民营企业，有效促进了后者的固定资产增长；而值得注意的是，商业信用对民营企业固定资产投资的推动作用仅在大型企业中成立，中小型企业较多地使用商业信用反而会降低固定资产投资规模。江伟和曾业勤（2013）的文章是较少数提供了商业信用与银行贷款之间存在互补关系的证据的文献。作者提出了企业提供商业信用具有信号传递作用的观点并使用中国工业企业数据库的中小企业数据对其加以检验。研究结果显示，企业提供的商业信用越多，其所获得的银行贷款就越多；在民营企业以及位处金融较发达地区的企业中，这种信号作用尤其明显。这里需要说明的是，两位学者考察的是商业信用提供对企业获取融资的影响，并非商业信用融资与银行贷款之间的关系，因此其研究结论与我国学术界主流的主张商业信用与银行贷款之间存在“替代效应”的观点并不冲突。王彦超（2014）探讨了金融抑制对商业信用二次配置功能的影响。实证结果显示商业信用对金融资源的二次配置功能在金融抑制程度较高的地区发挥的作用更大，但这种作用会在金融的改革和发展逐渐深化后变得相对薄弱；另外，企业商业信用对金融资源的二次分配功能在国有企业和国家重点扶持的行业中更为明显。

二是探讨影响企业商业信用获取能力的因素，包括市场地位、信息传递等。陈运森和王玉涛（2010）探讨了审计质量与商业信用之间的关系，文章以应付账款、应付票据和预收款项等区分不同的商业信用模式并衡量交易成本的大小，研究结果显示审计质量越高则交易双方更容易达成互信关系并选择成本相对较低的商业信用模式，上述关系在宏观签约环境更好时会得到强化。张新民等（2012）考察了市场地位与商业信用之间的关系，研究结果显示虽然商业信用和银行贷款之间的替代关系在企业处在较高的市场地位时成立，但其可以同时获取来自商业信用和银行贷款双方的融资，从而具备较大的可选择余地；反之，当企业的市场地位相对较低时，企业通过商业信用和银行贷款进行融资的能力都相对较弱，而商业信用与银行贷款之间的“替代效应”也并不成立。这一结论揭示了我国企业融资存在“赢家通吃”的现象，市场地位较低的中小企业“融资难”问题亟待解决。郑军等（2013）运用我国上市公司 2007—2011 年的数据，考察了货币政策变更情境下内控质量的提升是否有助于企业获取商业信用，研究发现两者之间确实存在显著的正相关关系，即便是在货币政策趋紧导致企业难以获得商业信用的情况下，内控质量较高的企业依然可以保持较高水平的商业信用。徐虹等（2013）的研究显示，内部控制有效性的增强和会计稳健性的提高有助于企业以较低的成本获取商业信用。

三是探讨商业信用的经济后果及其适用条件。王彦超和林斌（2008）对商业信用的资金使用效率进行检验后发现，由于商业信用大多会流入存货等有形资产，因而有助于抑制由大量使用自由现金所引发的过度投资问题。余明桂和潘红波（2010）考察了商业信用的竞争假说。作者使用 2004—2007 年工业企业数据的样本，证实了商业信用可以作为企业的一种竞争手段，即通过提供商业信用锁定重要客户，避免其流向竞争对手；这种效应主要发生在非国有企业和金融发展相对较为发达的地区。黄兴孪等（2016）的研究显示，宏观货币政策可以在一定程度上影响商业信用与企业投资行为之间的关系：在货币政策紧缩的环境下，企业可以通过使用商业信用融资的方式弥补投资不足并实现投资增长，这主要是由于商业信用与银行借款之间存在替代关系，使用商业信用作为替代融资可以显著缓解企业所面临的融资约束。

### 2.3.3 简评

商业信用理论的发展呈现出了理论和实践基于不同视角展开的现象，即这一概念所对应的经济事项本身是源自企业的交易行为，即微观层面的经济活动，但从 Meltzer（1960）开始这一问题便被持续地应用于宏观经济分析特别是货币政策方面的研究，这一点对比宏观视角与微观视角相关文献的数量便可以看出。在国内外已经形成丰富理论成果且几乎一致支持“替代效应”的前提下，宏观视角的商业信用研究无非是进一步探索“替代效应”适用条件的问题。与之相比，微观视角的商业信用研究仍存在较大的可以拓展的空间。现有关于影响企业商业信用获取能力的研究主要从交易关系的角度加以考虑，如市场地位、信息传递等，但仍有一些问题没有得到回答。例如，商业信用融资是可以主动设计并管理的吗？既然商业信用融资存在诸多优势并可以对银行贷款形成替代作用，那么企业一方无疑存在设置具体的短期融资策略并安排相应的商业信用结构的动机。那么，企业战略会对商业信用产生何种影响？除此之外，在以互联网为代表的新技术逐步得到应用的背景下，不同商业模式的特征以及由此产生的交易结构的差异又会如何影响企业的商业信用获取能力？综上所述，微观视角的商业信用分析需要引入一个相对综合而全面的变量，并对当今企业发展的最新业态予以适时跟进，以丰富这一领域的研究成果。

# 第3章

# 理论基础和制度背景

本章的主要内容是对本书研究所涉及的基础理论和相关制度进行梳理。由于本书对商业模式的分析框架和分类计量都主要参考了 Zott 和 Amit（2001，2007，2008）的一系列文章，而两位学者的理论框架主要侧重"交易结构"和"价值创造"，因此与本书研究关系最为密切的理论分别是战略管理理论和利益相关者理论；同时，由于商业模式在会计信息披露中已然存在相关探讨同时成为国际综合报告委员会（IIRC）所发布的《国际综合报告框架》中的重要组成部分，对上述与商业模式相关的会计准则加以回顾有助于本书更好地理解和把握商业模式的主要特征。

## 3.1　战略管理理论

从理论起源来看，战略管理理论的发展实际上是企业管理实践不断发展的结果。我国学者倪义芳和吴晓波（2001）曾经对企业管理的发展进行了较为精辟的概括，两位学者认为企业管理经历了由生产管理至经营管理，再到战略管理的三阶段发展历程。在早期由生产活动所主导的经济环境下，供给在市场中明显占据主导地位，此时企业生产出的产品大多都可以得到顺利销售，市场上也不存在明显的竞争力量，因此企业只需考虑如何提高生产效率和产品质量。之后随着生产活动的不断发展，无论是厂商数量还是市场中的产品丰富程度都得到了显著提高，由卖方市场向买方市场的转变以及消费者群体力量的不断扩大使得市场竞争开始出现，此时企业已然无法通过简单组织生产活动便在市场中占据支配地位，由此便产生了以消费者需求分析为中心，将产品开发、生产、市场营销、人力资源、财务核算等串联为一个整体并加以管理的经营管理思想。后期随着企业所面临经营环境的进一步复杂，以及市场竞争的加剧（大型企业集团、跨国企业等开始发展），企业需要一种面向竞争、谋求发展的长远规划与决策，于是战略管理思想便应运而生。由此可见，企业管理理论由经营管理阶段开始便逐渐偏离了经济学的研究领域并形成了独特的研究范式，而传统管理学的探索则为企业战略管理的诞生创造了充分的条件，这也是战略管理学家 Michael E. Porter 在回顾战略管理理论的历史时主张将源头追溯至管理学家 Henri Fayol 所提出的工业企业的六类主要活动“技术活动”“商业活动”“财务活动”“安全活动”“会计活动”和“管理活动”以及管理活动的五项基本职能“计划、组织、指挥、协调、控制”的根本原因。而从学术界的一般观点来看，真正意义上战略管理研究的起点应该是 Chester Irving Barnard 于 1938 年所创作的《经理人员的职能》一书，作者在书中对组织理论的独特性加以强调并将之与战略理论和管理理论相区别，同时还指出了管理和战略是企业领导人应该承担的工作，管理活动的重点在于提升组织的效能和提高组织对外部环境的适应能力。Barnard（1938）的战略管理思想主要传递了以下两个关键要素：第一，战略是一种自上而下的管理活动，并受制于管理层的经营思维；第二，企业战略的重要任务之一就是处理好企业与外部环境之间的关系。上述思想对后期战略管理理论的发展产生了重要影响，后续的战略管理理论研究可以大致分为以下三个阶段。

### 3.1.1 以环境为主导的战略管理理论（20世纪60—70年代）

经典的战略管理理论传承自Barnard（1938）的思想，开辟了以“外部环境”为核心的研究范式，同时对战略管理的一些基础问题进行了深入探讨。这一时期的战略管理理论以设计学派和计划学派为代表。

设计学派的代表人物是企业史学家Alfred D. Chandler。作为战略管理领域的奠基者之一，Chandler在1962年出版了《战略与结构：美国工业企业史的若干篇章》一书，从而正式揭开了现代战略管理研究的序幕。在这本影响后世长达数十年的经典著作中，Chandler对环境、战略、组织结构之间的关系进行了分析和论述，指出企业战略应当适应外部环境的变化，以满足市场需求为主要任务，而组织结构应当适应企业战略，并随战略的变化而进行调整，即“战略适应环境、结构追随战略”。这一思想在后期支撑了Zott和Amit（2001，2007，2008）对商业模式的分析框架。随后，哈佛大学商学院的Kenneth R. Andrews教授分别于1965年和1971年出版了《经营策略：内容与案例》和《公司战略概念》两部专著，作者在书中将企业战略划分为制定和执行两个阶段，并指出战略对外部环境的适应过程实际上就是将企业内部的各项条件和因素与外部环境中的机会和威胁相匹配的过程，这一观点形成了著名的SWOT分析模型。综合来看，设计学派的主张主要包括两个层面：首先，企业战略的形成是一个精心设计的结果，需要将自身发展条件与外部各项要素进行细致的匹配和分析，显然只有企业领导层具备这样的视野和能力，因此这项工作应当由企业领导完成；其次，战略的具体内容应该是简单、灵活和易于理解的，好的企业战略在具备创造性的同时也应具备较强的直观性，以方便后期的贯彻和执行工作。

计划学派的代表人物是美国学者Igor Ansoff。在1965年出版的

《企业战略》一书中，Ansoff 定义了战略管理的四要素：(1) 产品和市场范围，即企业的产品是什么，市场地位如何；(2) 增长向量，即企业的主要发展方向和趋势是什么；(3) 协同效应，即企业所拥有的资源总和的整体回报大于各个部分单独回报相加的水平和程度；(4) 竞争优势，即企业在市场竞争中所具备的不同于其竞争对手的特殊要素。除此之外，Ansoff (1965) 还将企业战略划分为总体战略和竞争战略。在 1979 年出版的《战略管理》一书中，Ansoff 进一步指出了战略管理是一种对环境的适应过程以及由此引发的内部结构化过程，其出发点是谋求自身的生存与发展。与设计学派相区别的是，计划学派主要将企业战略的制定视为一种正规的、有意识的、受到控制的和详细的过程，在这一过程中计划和执行缺一不可，领导层在承担整个计划过程的同时执行人员也要对企业战略的执行尽职尽责。因此，企业战略应该是详细而具体的，需要包括战略目标、资金预算、执行步骤等环节。

这一时期的设计学派和计划学派共同支撑起了战略管理的开创性研究内容，其以环境为起点对企业战略存在的意义、战略管理的内容和基本原则、具体的制定方式等进行了全面而深入的讨论。两种理论的区别其实仅仅在于对战略属性的理解存在分歧，其究竟是一种具备创造性、艺术性的活动，还是一种严谨的、具有严密逻辑关系的规划，这是一个仁者见仁、智者见智的问题，直到多年之后的当今仍未能得到解答。

### 3.1.2 以竞争为主导的战略管理理论（20 世纪 80—90 年代）

以企业与外部环境之间的联系为核心的分析范式虽然为战略管理领域的研究奠定了理论基础，但也存在一些问题。首先是研究内容过于宽泛，如果考虑各种经济要素的构成，宏观经济政策、产业结构、技术背景、人力资源市场、原材料市场、消费者群体等均可以作为外部环境的构成要素，如果将其全部纳入战略管理的研究范畴，那么就无法梳理出一个清晰的研究框架。其次是以环境为主导的战略管理理论默认了一个前提即企业是外部环境的被动接受者，这与现实条件下企业往往主动采取措施改变甚至重塑外部环境的实际状况（如成立跨国企业）相违背。因此，在市场竞争逐步加剧，战略管理理论发展迫切需要新的视角来解释企业之间业绩差异的情况下，以竞争为主导的战略管理理论应运而生。这一时期共存在两派影响力较大的学说：行业结构学派和战略资源、核心能力学派。

行业结构学派的代表人物是被认为当今全球第一战略权威、"竞争战略之父"的哈佛大学商学院教授 Michael E. Porter。Porter 在1980年和1985年分别出版了《竞争战略》和《竞争优势》两部专著，从产业结构的角度对企业战略加以解释。作者指出构成企业外部环境的最关键部分就是企业参与竞争的一个或几个行业，这些行业的行业结构决定了竞争规则并影响着企业的竞争战略选择，因此，企业需要在已然进入的行业中明确自身的定位。为此，Porter 提出了著名的"五力分析模型"，即企业需要综合考虑进入威胁、替代威胁、现有竞争对手的竞争、客户讨价还价的能力以及供应商讨价还价的能力，这些因素共同决定了一个行业的竞争状态以及身处其中的企业的盈利能力；而为了获取竞争优势，企业需要在明晰各项经济因素如何影响市场中的五种力量，以及当前竞争格局中各项力量的形成原因、基本结构等问题的基础上，结合自身的行业定位和优势，选取有针对性的竞争战略：低成本、差异化或者集中化。Porter 认为战略管理的核心在于获取竞争优势，而竞争优势的获得则取决于以下两个因素：企业所处行业的盈利能力，若企业本身处在一个平均利润率相对较低的行业或者夕阳产业，那么无论企业实施多么优秀的竞争战略都无法取得满意的投资回报；企业在当前行业内的竞争地位，对于同一行业的企业而言，市场竞争力强的企业会比市场竞争力弱的企业更容易从消费者的手中获得收入并实现利润，其利润率也会高于行业的平均水平。综合来看，Porter

的竞争理论在很大程度上受到了产业组织理论“结构—行为—绩效”的分析范式的影响，其试图从纷繁复杂的外部环境中筛选出最为重要的经济要素即产业结构，并以此为基础对企业战略管理的目标、关键点、制定方式、具体内容等进行了全方位的解析。就理论贡献而言，Porter 的竞争战略无疑将战略管理领域的研究向前推进了一大步，使其从相对抽象的管理一般论变成一种可供企业实践选择和操作的行为准则。

Porter（1980，1985）的一系列研究虽然形成了深远的影响，但其仍然存在些许不足，例如，没有考虑企业自身的内部因素以至于难以回答“在行业相同、竞争战略相似的前提下为何不同企业之间的业绩依然存在差异”这一问题。为了弥补上述不足，在 20 世纪 80 年代后期和 90 年代初期分别出现了战略资源理论和核心能力理论。就理论渊源来看，战略资源理论主要源自 Penrose 的企业成长理论。Penrose（1959）在《企业成长理论》一书中指出企业既是一个经济组织，也是人力、物力等资源的集合，正是这些资源构成了企业成长的动力。以此为基础，Wernerfelt（1984）、Barney（1991）等学者开创了资源依赖视角的战略管理研究。战略资源学派认为，企业实施战略管理活动的关键在于培育出独特的、异质性的战略资源并最大限度地优化，将这些战略资源配置到具体的竞争活动中，而不同企业之间在战略资源方面的特异性也构成了业绩存在差别的主要原因。关于什么样的资源对企业而言是至关重要的这一问题，Barney（1991）给出的解释是有价值的、稀缺的、不可复制的和持久的。核心能力学派产生的背景与战略资源学派相似，也是为了解释企业竞争力的来源。Cool 和 Schendel（1988）对美国制药业的企业集团展开研究，试图解释为何隶属于同一企业集团的成员企业却在经营业绩方面随着时间的推移而表现出了巨大的差异，最后作者提出了一个相对抽象的概念即“特殊能力”。而对于这种特殊能力究竟是什么的问题，Prahald 和 Hamel（1990）进行了进一步解释。两位学者对世界范围内最优秀的公司进行了长期的跟踪和分析，并系统地总结出了其成功的经验。以此为基础，Prahald 和 Hamel（1990）指出企业形成竞争优势的真正源泉在于“管理层将公司内部的知识、技术等加以整合并使各项业务可以迅速适应外部环境变化的能力”，即企业的“核心能力”。按照核心能力的观点，企业对知识、技术、生产、人力等各项资源的整合与利用可以形成一种累积优势和放大效应，并为企业不断开拓市场、逐渐形成难以被模仿的竞争优势提供必要的助力，这也解释了部分企业超额利润的由来。从研究内容来看，核心能力学派的观点与战略资源学派的观点存在相似之处，两者均强调企业内部的各项要素对形成持续的竞争优势所起到的关键作用，这也是大多数文献综述的文章选择将两者合并梳理的原因所在。但从研究重点来看，战略资源学派侧重资源的获取和保持，而核心能力学派则更加关注资源的整合和使用，两者共同构成了从企业自身角度审视战略管理的主要研究方向。

### 3.1.3　新时代背景下的战略管理理论（20 世纪 90 年代后期至今）

20 世纪 90 年代中后期，企业所面临的外部环境急剧变化，以互联网为代表的新技术应用使得信息逐渐成为一项重要的战略资源，此外，全球化发展不断加速、消费者需求日益升级，这些都迫使企业重新审视自身与其他经济组织之间的关系，以往由竞争为主导的战略管理思想逐渐演变为“竞合”并存的战略管理体系，而各个战略管理流派的主要思想也逐渐实现整合并形成一系列更为全面的理论体系。

由于企业所面临的外部形势空前复杂，新时代背景下的战略管理理论并未呈现出一家独大的态势，而是更多地表现为一种共同发展的格局。比较有代表性的包括强调外部合作的战略联盟理论

(Hopland 和 Nigel，90 年代中叶）和网络理论（Jarillof，1988；Burt，1992）、强调系统性的商业生态系统理论（Moore，1996）、强调信息技术应用的战略信息系统理论（Wiseman，1988）以及强调权变思想的动态能力理论（Teece 等，1997）。我国学者谭力文和丁靖坤（2014）曾经对战略管理国际顶级期刊 Strategic Management Journal（SMJ）在 2001—2012 年发表的所有论文进行科学计量分析，总结出了出现频率最高的几个关键词：资源基础论、绩效、创新和创业。而从论文被引用频率最高的作者来看，资源基础理论创立者 Jay B. Barney、动态能力理论的提出者 David J. Teece 以及“竞争战略之父”Michael E. Porter 分列一到三位。由此可以大致总结出进入 21 世纪以后战略管理领域研究的几个关键问题：一是有关企业战略资源的研究；二是企业动态能力的相关研究；三是企业业绩的影响因素；四是新技术背景下的创新创业问题。值得注意的是，截至两位作者的统计截止时间，Amit 和 Zott（2001）的“Value Creation in E - Business”一文累计引用量高达 468 次，位居所有 SMJ 文献的第二位，这表明商业模式正逐渐被战略管理领域的学者关注和重视。在这之后，Zott 等（2011）在一篇文献综述中明确指出商业模式研究的重要主题之一就是创新与技术经济管理，而 Teece（2018）则系统阐述了商业模式与企业动态能力之间的关系，这说明商业模式已然和战略管理领域最前沿的热点话题建立起了充分的联系，其在未来有望成为战略管理理论的重要组成部分。

在 21 世纪之后的新兴战略管理理论中，与商业模式关系最为密切的无疑是技术创新理论，该理论重要标志之一就是注重分析企业的知识管理，并以此为基础探究企业创新的来源。如 Leiponen 和 Helfat（2010）就指出，在创新所需求的知识来源方面，更广阔的视野可以显著提升创新成功的可能性。Makri 等（2010）使用来自医药、化工和电子行业的并购样本考察了并购中的知识关联性对后期经营的影响，结果显示互补的科学知识和技术知识都有助于提高并购之后的创新水平和创新绩效。之后，Hess 和 Rothaermel（2011）针对全球 108 家制药企业创新绩效的研究考察了价值链上具体资源之间的组合关系，结果显示为方便非冗余知识的集成，连接价值链不同部分的资源组合通常是互补的。Adner 和 Kapoor（2010）将核心企业、上游企业（供应商）、下游企业（客户）视作一个生态系统，并指出某一特定经济主体的创新活动会影响其他相关主体的经济行为，若能将其他企业的创新成功融入自己的产品中，就可以创造出难以模仿的竞争优势。上述文献呈现出了一个共同的特征，即格外关注跨企业的知识流动和资源互补，将企业与企业之间的关系置于空前重要的地位，这就与商业模式理论达成了高度一致。正如管理学大师 Peter F. Drucker 所指出的，企业间的竞争正逐渐转变为商业模式的竞争，而商业模式创新所关注的正是价值创造活动的革新，完成这一过程不仅需要企业内部的知识管理，如何处理与外部交易者、合作者之间的关系同样十分重要。

## 3.2　利益相关者理论

### 3.2.1　“利益相关者理论”与“股东至上理论”之争

利益相关者理论所要回答的主要是企业所有权的归属问题。尽管这一理论的发展高峰是在 20 世纪 80 年代，但从概念起源来看，最早朴素地表达了“利益相关者”思想的文献可以追溯至 Penrose（1959）的《企业成长理论》一书，她在这部著作中对推动企业成长的各项资源加以分析，而人际关系则是企业的一项重要资源。随后，美国斯坦福研究院（Stanford Research Institute，简称 SRI）的一些学者给出了利益相关者的定义：与企业存在密切关系，并通过自身的支持活动影响企业生存的群体。SRI 所提出的定义较为简单和狭义，对究竟何为支持活动、这些支持活动又如何影响企业生存等关键问题并没有给出详细的回答。因此，Rhenman（1964）对 SRI 的定义加以改进，并将其扩展为一种双边的关系：利益相关者会因为特定目的而依附于企业，企业为了实现自身的持续发展也会依托于各个利益相关者，典型代表如投资者、企业员工等。战略管理学家 Ansoff（1965）也对利益相关者的问题发表见解，认为“若要制定出理想的企业目标，需要综合平衡并妥善处理诸多利益相关者之间互相冲突的索取权，这些利益相关者可能包括管理层、员工、股东、供应商和分销商（客户）”。利益相关者这一概念的发展本质上与这一时期战略管理领域以“环境”为主导的主流分析框架是分不开的，正是因为企业在战略制定过程中需要考虑自身组织结构对外部环境的适应性，因此诸如供应商和分销商等组织外部的经济群体也进入了利息相关者的构成体系。早期的利益相关者讨论尽管相对朴素和简单，却也在理论界和实务界形成了一定程度的影响，作为世界三大商学院之一的宾夕法尼亚大学沃顿商学院在 1977 年专门开设了“利益相关者管理”的课程，试图将这一概念在战略管理领域的应用加以深化。

20 世纪 80 年代之后，随着社会伦理观的发展和企业竞争的加剧，理论界开始逐渐认识到以往的利益相关者表述稍显狭隘，需要一种更为广泛和受到普遍认可的利益相关者定义。于是美国经济学家 Freeman（1984）在前人研究的基础上将利益相关者定义为“利益相关者是一系列能够影响组织目标的实现，或者受到目标实现过程影响的个人或群体”。按照 Freeman（1984）的定义，不仅管理层、股东、员工这种组织的直接构成部分，以及供应商、分销商、客户这种与组织之间存在直接经济往来的群体被包含在利益相关者之中，甚至连社区、政府、环保主义者等公益组织也成为利益相关者的一部分，其概念内涵可谓是十分丰富。Clarkson（1994）进一步解释了为什么这些群体会成为利益相关者，他认为“利益相关者在企业之中投入了一些实物资源、人力资本、财务资本或者其他有价值的东西，并由此承担了某种形式的风险；换言之，利益相关者因企业的经营活动而承受风险”。Clarkson（1994）的观点明确指出了利益相关者与企业之间存在联系的方式，并严格了利益相关者的判定范围，以防止其概念范围无限制对外扩张的问题。按照这一标准加以审视，诸如媒体这类外部信息中介机构便不再包含在利益相关者的范围之内。在这之后，有关利益相关者的分类问题得到了国外学者的广泛探讨，其中以Mitchell等（1997）的分类法最具代表性，他们根据合法性问题考察某一群体是否具有法律上的、道义上的或者特定的对企业的索取权；根据权力性考察某一群体是否具备影响企业经营决策的能力、地位和相应的手段；根据紧急性考察某一群体的利益诉求是否可以立即引起管理层的关注；基于上述三个属性，将利益相关者划分为确定性利益相关者（三种皆有），关键、从属和危险的利益相关者（拥有两种），以及蛰伏、或有和要求的利益相关者（只满足一种）。Mitchell等（1997）对利益相关者的分类方式大体上已然包含了与企业构成联系的绝大多数情况，且其划分层次的操作方式也易于比较不同利益相关者之间在连接关系和对企业索取权方面的强弱，自此，有关分类问题的各种观点逐渐达成一致，之后的讨论也始终没有超出这个框架（李维安和王世权，2007）。

从学术影响的角度来看，利益相关者理论造成冲击最大的无疑是公司财务领域。一直以来，公司财务领域的研究所奉行的都是“股东至上主义”（Grossman和Hart，1986；Hart和Moore，1990），其原因在于股东投入的实物资源和财务资本构成了企业财产的主要来源，而作为企业剩余风险承担者的股东理所当然应该成为企业剩余索取权和剩余控制权的所有者。自从Berle和Means（1932）对现代企业治理结构下所有权和经营权分离的问题做出开创性的研究工作后，围绕着两权分离模式下股东利益的保护问题衍生出了公司治理领域的一系列经典文献（Jensen 和 Meckling，1976；Fama 和 Jensen，1983；Jensen 和 Ruback，1983；Jensen，1986；Williamson，1985；Grossman 和 Hart，1986），其中不乏“代理理论”“自由现金流”“控制权市场”这些对后世学者产生重要影响的经典文献。股东治理观的学者维护自身观点的方向大致可以分为三个层面：一是基于股东向企业提供的物质或资本在某种程度上构成了专有性资产（Williamson，1985）并将其置于不利地位，尽管单一股东可以通过转让股权的方式进行撤出，但对于整体股东而言这种方案并不现实，这就使得股东拥有企业的剩余索取权和剩余控制权（Grossman 和 Hart，1986）；二是股东与企业之间存在一种契约关系，股东通过投资协议与企业之间达成法定契约，这种契约需要受到法律保护；三是基于产权理论的视角来看，股东无疑是企业产权的拥有者。然而上述观点在利益相关者理论得到发展之后受到了该理论支持者的攻击和反驳，如 Blair（1995，1996，1999）就指出，在当今金融工具创新水平大大提升的背景下，股东可以通过多种可供选择的证券投资组合方式降低投资风险，其对单一企业的关注度早已大不如前，且逐渐转变为消极被动的投资者，这就不再符合 Williamson（1985）基于资产专用型角度对股东投资所进行的解释。此外，随着知识经济的逐渐发展，单一实物投资对企业发展的贡献程度正在下降，人力资本对企业获取竞争优势的重要性日益增强，这也是员工、债权人、供应商、客户等利益相关者对企业进行投资的主要方式，而在进行了人力资本投资后，这些群体同样应该享有企业的所有权（剩余索取权和剩余控制权）。Freeman 和 Evan（1990）对 Coase（1937）、Alchian 和 Demsetz（1972）等提出的契约理论进行了衍生解释，认为企业是“所有利益相关方之间所达成的一系列多边契约”，即利益相关方如管理层、员工、供应商、客户等都是契约的签订主体，他们为企业提供了特殊的资源，因而有权利平等地参与公司各项事务的谈判并维护自身的利益。Donaldson 和 Preston（1995）指出古典产权理论中以“个体判断”为核心的理论是存在缺陷的，应该建立一种基于“多元个体判断”的产权理论，而这种多元的产权理论一旦被接受，那么产权理论和利益相关者之间的关系也就变得清晰了，所有隐含在古典个体判断理论中的关键要素也就自然而然地被转移到了利益相关者身上。综上所述，利益相关者理论的出现彻底打破了股东至上主义始终占据主流地位的局面，将公司财务领域的研究视野拓宽至企业与外部环境之间的关系，进而开辟了企业社会责任研究、环境会计等新的研究领域。

### 3.2.2　利益相关者理论的实际应用及其问题

如果将利益相关者理论与经济学理论进行对比，其所关注的无非是企业经营的外部性问题。随着企业的经营规模不断扩大以及市场力量的增强，其对周边环境所形成的塑造作用也在逐渐增强，一个大型企业的成功甚至可以带动一个地区的经济发展，反之若企业不注重环保、社区管理等问题也会造成严重的负外部性并进一步演变为社会问题。因此企业的经营若要具备“合法性”（Maurer，1971），则势必要考虑利益相关者的权益。特别是在20世纪70年代企业社会责任问题获得关注，以及20世纪80年代敌意收购的大量出现令学者们开始反思股东至上主义的弊端之后，利益相关者理论得到了空前的发展和应用。但在实际的应用过程中，利益相关者理论也存在一些问题：首先是如何清晰地界定利益相关者，尽管 Mitchell 等（1997）的分类方式已经较为清晰和全面，但在实际操作过程中仍存在较强的主观判断因素，不同评判者对具体某一类利益相关者重要程度的评价可能存在差异，而为了达成一致意见除了需要一定程度的妥协之外也会造成不必要的协调成本；其次是利益相关者的利益缺乏一个客观而清晰的度量标准，不同于股东权益存在明确的会计收益指标，利益相关者的权益大多较为抽象，特别是诸如社区一类与企业没有直接经济往来的群体，刻画其在某一区间内的利益变化通常是一项充满困难的工作。尽管在 Kaplan 和 Norton 提出“平衡计分卡”之后企业的业绩评价机制已然向多元化的方向转变，但不可否认的是，即便是评价体系的进步也无法完全解决上述两个问题。例如，员工的学习与成长，不同企业之间并没有一个清晰的、统一的评价标准，这就会导致数据之间可比性的缺失。正如很难通过捐款数额判断企业的社会责任履行状况一样，利益相关者理论在执行层面的全面推进尚且存在一定困难。国际准则理事会（IASB）在制定 2010 版《财务报告概念框架》时曾经将利益相关者理论提上讨论日程，但经过仔细权衡之后还是放弃了将利益相关者完全纳入财务报告使用者的提议，转而明确了投资者（股东、债权人）作为财务报告基本服务对象的地位，而通用财务报告的目标则为满足投资者的资源配置决策（投资决策）。作为会计准则的制定机构，IASB 对将利益相关者理论完全纳入现有财务报告体系持谨慎态度无非是基于以下考虑：利益相关者的界定存在可操作的空间，其所包含的主体又过于宽泛，不同主体对报告信息的要求通常是异质性甚至是互相矛盾的，同时满足各个主体的信息披露需要既会增加报告的编制成本，又会造成信息冗余以及重要信息的埋没。因此，若要进一步推进利益相关者理论在实务领域的应用，清晰的界定和相对准确、客观的度量方式是不可或缺的。

由于商业模式的构成要素中既包含关键资源等与内部人力资本直接相关的内容，也包含价值主张、重要合作伙伴等与外部客户及供应商直接构成联系的部分，其与利益相关者理论之间同样存在着天然联系。有关这一问题，我国学者魏炜等（2012）曾经做过较为全面的论述，作者对以往的商业模式定义及构成要素进行了总结和梳理，并在此基础上提出了基于利益相关者交易结构的商业模式定义及构成要素，认为商业模式是“利益相关者的交易结构”，包括交易主体（谁参与交易）、交易内容（交易什么）、交易方式

（怎么交易）和交易定价（收支问题），具体构成要素则包括定位、业务系统、盈利模式、关键资源能力、现金流结构和企业价值。仅就构成要素来看，魏炜等（2012）所提出的以利益相关者为核心的商业模式整体架构与Osterwalder和Pigneur（2010）所提出的“商业模式画布”存在相似之处，但两者在研究视角和侧重点方面存在本质上的区别。如果按照商业模式理论后期主流的以价值流转活动为核心的研究范式加以审视，利益相关者理论所重点关注的是价值主张或者说价值捕获的一部分，其试图为解释企业竞争力或者业绩的来源问题提供一种额外的分析思路。从当前实证研究的推进程度来看，有关利益相关者影响企业业绩的研究已经形成了一定的研究成果。Griffin和Mahon（1997）曾经对1972—1997年发表的有关社会责任影响企业业绩的文献进行统计，51篇文章中有33篇文章是正相关，19篇文章为负相关，9篇为无影响。结果存在差异的原因在于理论界对于社会责任的理解一直存在分歧，部分学者认为社会责任的资源投入占用了企业本可投入至经营活动的宝贵资源（Aupperle等，1985），从而会对业绩产生负面影响；而另一部分学者则主张履行社会责任有助于企业满足利益相关者的满意程度并获取外部支持，进而可以提升企业声誉、降低经营风险，从长远来看有助于提升企业价值（Cornell和Shapiro，1987；Freeman和Liedtka，1991）。来自我国的证据方面，李正（2007）以我国上海证券交易所2003年的521家上市公司为样本考察了社会责任活动与企业价值之间的关系，结果显示短期内承担社会责任越多的企业价值越低，但从长期来看履行社会责任并不会降低企业价值。温素彬和方苑（2008）以46家企业2003—2007年的面板数据为基础检验了同一问题，也得出了相似的结论。也有学者从供应商、客户的角度考察了利益相关者对企业业绩的影响，唐跃军（2009）利用我国制造业上市公司2005—2007年的数据实证检验了供应商、经销商（客户）议价能力对企业业绩的影响，回归结果表明供应商、经销商（客户）的议价能力越低，公司的业绩就越好，这一结论与 Zott 和 Amit（2007）的分析是一致的。上述成果可以为本书研究提供较好的理论借鉴意义。

## 3.3 有关商业模式信息披露的制度考证

如前文所述，有关商业模式的实证研究始终进展缓慢的原因之一就是现行会计准则并未对商业模式的分类、计量和披露问题做出详细规定，这就导致商业模式未能以一个相对清晰的形式呈现于研究者面前。但随着商业模式对企业经营的重要性日益增强，有关商业模式的信息披露也开始在理论和实务层面取得一些成果，而明晰这些披露实践的特征和侧重点将有助本书对商业模式核心构成要素的捕捉。

### 3.3.1 国际会计准则理事会（IASB）和欧洲财务报告咨询组（EFRAG）对商业模式信息披露的探索

如果在现行财务报告体系中进行商业模式相关内容的披露，那么其影响无疑是全方位的，且至少要明确以下几个问题：商业模式如何定义？商业模式是否为财务报告信息使用者提供了必要的、有价值的决策相关信息？不同的商业模式对会计分类和计量的影响是怎样的？目前来看，商业模式对会计准则的影响主要体现在了不同经营方式下企业对金融资产的确认和分类有所区别，例如时下出现的特殊机会资产管理业务（Asset Management Companies，简称 AMC），主要通过对特殊资产如银行拍卖资产、债务重组资产的收购、管理和处置而获利，那么对于标的资产而言究竟是应该将其计入交易性金融资产还是长期股权投资便是一个需要权衡和考虑的问题。国际会计准则理事会（International Accounting Standards Board，简称 IASB）在现行第 9 号国际财务报告准则《金融工具》中将商业模式作为对金融资产进行分类和计量的两个判断标准之一，正是考虑了当今企业经营业态的发展和变化对旧有会计准则所形成的巨大冲击。IASB 在 2013 年发布的《财务报告概念框架的评论（讨论稿）》中将商业模式定为议题之一，并由此引发了学术界对这一问题的集中讨论。其中，欧洲财务报告咨询组（European Financial Reporting Advisory Group，简称 EFRAG）是主张在财务报告中披露商业模式的主要推动者，其认为现行财务报告概念框架应该明确商业模式的角色及功能地位，主要原因如下：第一，商业模式描述了企业的价值创造过程，而这一过程正是管理层在过去的会计年度管理和运用企业各项资产、合理安排各项负债所能达成的结果，从而较好地反映了管理层受托责任的履行情况，这有助于增进对财务报告目标的理解。第二，在财务报告中披露商业模式至少可以增进相关性、如实反映、可比性和可理解性的会计信息质量特征。由于商业模式的落脚点在于价值捕获，也就是将顾客支付转化为实际利润的过程，其无疑关乎着企业的未来现金流入，而后者恰恰是投资者在进行资源配置决策时最为关心的问题；同时，商业模式如实描述企业的当前及未来最有可能发生的经济现象也符合如实反映质量特征的要求。对于交易性质相似的业务，若企业采用不同的商业模式，其现金流的产生方式、利润的获得方式也将大不相同，只有将其加以区分并采用不同的会计处理才能更好地提升财务报告在不同企业之间的可比性，而当外部投资者可以借此捕捉到企业的价值创造过程时，财务报告的可理解性也就大大提高了。第三，商业模式在企业资产的分类、计量、列报等方面均存在重要影响，同一项资产在不同的商业模式下发挥的作用可能不尽相同，对其经济实质加以把握并以一种科学的、可理解的方法呈现给外部投资者是现行财务报告体系的重要改进方向。尽管 EFRAG 对商业模式信息披露的实施给出了足够的理由，但仍存在诸多反对意见，其所依据的主要理由便是当前学术界并未就商业模式的定义和分类达成一致意见，甚至是在已然进入第9号国际财务报告准则《金融工具》中的部分IASB也未能给出商业模式的明确定义，这无疑会给财务报告的编制者和使用者带来理解方面的困难。此外，商业模式不具备统一定义的另一项不利影响就是企业一方通常拥有对其进行自由解释的权利，不排除部分企业利用商业模式的披露和计量实施盈余管理并隐藏不利信息的可能。最终，在诸多反对声中，IASB在《财务报告概念框架（征求意见稿）》中回避了商业模式的相关问题。

EFRAG对商业模式信息披露的探索并不仅仅表现在呈递至IASB的相关建议，其自身也在借鉴相关研究成果的基础上提出了商业模式类型的四分法：价值转换型商业模式、价差获利型商业模式、长期投资型商业模式和负债驱动型商业模式。这四种商业模式类型基本上囊括了当今经济领域企业开展业务的主要方式：生产产品和提供服务、资产套利、参股控股、放贷或提供保险。我国学者黄世忠和黄晓韡（2018）曾经就EFRAG的分类方法提出了在不同类型的商业模式下选择相应的会计计量属性和计量变动处理方法的基本原则和逻辑依据，如表3-1所示。

**表3-1　黄世忠和黄晓韡（2018）对不同商业模式下计量属性和计量变动处理的总结**

| 商业模式类型 | 计量属性的选择 | 计量变动的处理 |
|---|---|---|
| 价值转换型商业模式 | 历史成本 | 遵循配比原则 |
| 价差获利型商业模式 | 公允价值 | 计入当期损益 |
| 长期投资型商业模式 | 公允价值 | 计入其他综合收益 |
| 负债驱动型商业模式 | 公允价值选择权 | 匹配负债与资产计量属性 |

需要注意的是，EFRAG的分类方式是一种纯粹基于会计领域资产分类和计量视角的讨论，按照其分类方法的不同商业模式之间并无优劣之分。这也是EFRAG商业模式四分法的一大局限：信息使用者无法由这一分类判断出企业竞争能力的强弱而只能大致了解

企业的业务开展方式。可以认为，EFRAG 的商业模式分类仅仅是明晰商业模式这一新生概念和与之伴随的经济现象对会计处理的影响，而并非投资者可以借助用以全面评价企业的分析工具。

### 3.3.2　国际综合报告委员会（IIRC）对商业模式信息披露的探索

与 IASB 和 EFRAG 相比，国际综合报告委员会（The International Integrated Reporting Council，简称 IIRC）对商业模式披露的处理方式更偏重实用主义，即在商业模式定义尚未统一的情况下先行归纳出其内部构成中的关键要素，并据此提出一个可实际操作的披露框架。为了解决现有企业财务报告信息披露水平不足的问题，国际综合报告委员会（IIRC）于 2013 年 12 月发布了《国际综合报告框架》（以下简称“《框架》”），旨在考察企业的治理、战略、商业模式等要素如何在短期、中期和长期范围内为企业创造价值。《框架》明确了企业需要在综合报告中披露其商业模式，并以商业模式为核心构建出企业整体层面的价值创造过程，如图 3－1 所示。

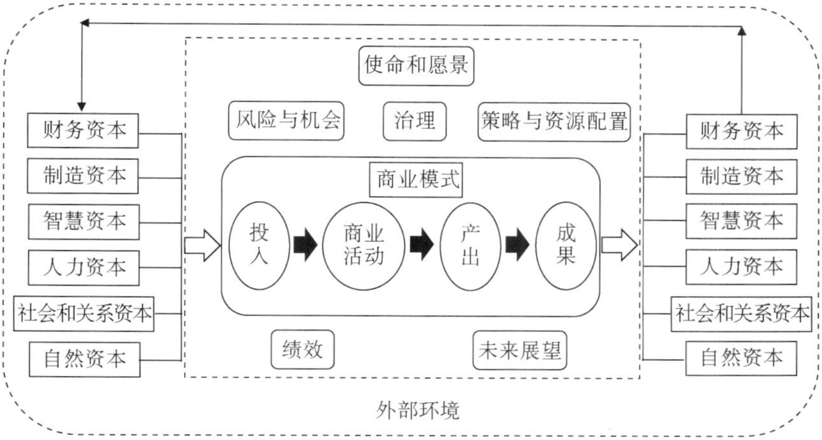


**图 3－1　《国际综合报告框架》中的商业模式结构**

综合来看，《框架》将商业模式视作一种价值创造系统，包括要素投入、商业活动、产出与成果四个部分。

（1）要素投入。《框架》中将企业投入的各项资源要素称为资本，并将其划分为财务资本、制造资本、人力资本、智慧资本、自然资本、社会和关系资本六个类别。这些要素的涵盖范围极为广泛，既包含了资金、设备等有形资本，还包括员工及管理层才能、知识产权、特许经营权等无形资本。除此之外，还考虑了外部的利益相关者、所使用自然资源等社会关系层面的要素，这与利益相关者理论的主张相一致，考察了企业作为一种社会组织与外部环境存在的关联。

（2）商业活动。商业模式的核心功能是将企业的各项投入要素有效地转化为产出及成果，这一过程包括产品的设计与制造、市场拓展与产品分销、配套服务与客户关系管理、组织架构的安排与管理体制的完善等多个方面。整体上来看，企业需要在既有战略目标的指引下合理安排企业内部的资源配置，打造企业独有的竞争优势，完善业务流程，并对可能面临的风险进行有效管理，除了注重短期的经济收益之外，更要维持企业的长远发展能力。

（3）产出与成果。产出即企业生产或提供的关键产品或服务，还包括可能产生的副产品、废料（如排放物）等内容。企业的经营成果与要素投入部分一一对应，包括财务资本的增值、生产能力的提高、人力和知识资本的成长、为利益相关方（如顾客、合作伙伴）带来的经济收益以及对社会所做的贡献等。产出与成果可以视为企业商业模式的最终落脚点。

综合报告的出现以及《框架》的提出对会计实务形成了巨大的影响，英国财务报告理事会（Financial Reporting Council，简称FRC）据此发布了《战略报告指南》及相关法规，首次将商业模式的披露纳入法律要求范畴，而“综合报告式”的商业模式披露也在南非上市公司、西欧的保险行业等领域得到了广泛应用。从现有的实务反馈来看，商业模式的披露既是投资者了解企业各项经营状况的重要窗口，同时也是企业反思自身管理活动及价值创造方式的有效途径。它将企业经营过程中的各项经济要素予以整合，在明晰企业价值创造过程的同时进一步捕捉企业与外部环境的互动过程，从而揭开了由初始资本转换至经济成果的过程“黑箱”。

《框架》中的商业模式信息披露在很大程度上借鉴了利益相关者理论的研究成果，这一点从投入资源的多元化以及充分考虑企业经营的社会影响等方面便可以看出。但过于综合而全面的披露内容也使得企业在实际操作的过程中往往无法对每一个商业模式要素加以详细说明，最终的结果就是企业通常选择在整体层面勾勒出商业模式的大致框架之后转为对关键要素另行说明的披露方式。为了更好地说明上述问题，本书以在英国伦敦证券交易所上市的可口可乐希腊瓶装公司（Coca - Cola HBC AG，以下简称“可口可乐HBC”）作为范例加以说明。可口可乐 HBC 成立于 2000 年，是可口可乐公司在全球范围内最大的品牌瓶装商之一，也是希腊市值最高的上市公司、富时 100 指数（FTSE 100）成员企业。本书对其 2018 年战略报告（Strategic Report）中与商业模式相关的内容加以提取和概括，如表 3 - 2 所示。

**表 3 - 2　可口可乐 HBC 战略报告中与商业模式相关的项目及披露内容**

| 披露项目 | 披露内容 |
|---|---|
| 商业模式 | 投入资源及社会关系（人力资源、自然资源、社会联结、财务资本、知识资源、制造资源）、从事业务（制造、包装、分销）、业务流程（采购原材料、制造和包装、分销至顾客、消费者服务和社区管理）、价值创造（对本地经济的贡献、为利益相关者创造的价值、股利分配和价值分享、社会经济影响、直接和间接雇员） |
| 成长模式 | 营销活动、市场执行、成本效率、现金管理、资金使用 |

续表

| 披露项目 | 披露内容 |
|---|---|
| 战略推进 | 如何达成目标（推动销量增长、专注于价值、提升效率、投资活动）、如何衡量绩效（剔除通货膨胀后的收入增长、可比运营成本占收入的百分比、资本支出占收入比重、可比息税前利润率、营运资金） |

就功能定位而言，英国会计准则下的战略报告与我国会计准则下的“管理层讨论与分析”（Management Discussion & Analysis，简称 MD&A）相似。通过将表 3－2 和图 3－1 的内容进行对比可以看出可口可乐 HBC 的商业模式披露基本参照了《框架》中的要求，将企业创造价值的过程予以描述。而成长模式、战略推进两个披露项目的补充则将企业如何创造中、长期价值的基本逻辑加以说明。但如果结合具体披露内容加以分析，可口可乐 HBC 的商业模式信息披露仍存在一些问题：第一是内容稍显简略，为了使商业模式看起来简单直观，可口可乐 HBC 使用简易流程图和言简意赅的语言对各个商业模式要素加以解释，但也导致每个项目的披露基本是浅尝辄止，比如对员工的价值创造仅仅用“雇员数量”一带而过，这就使得其商业模式披露相对于揭示企业的市场竞争力而言更像是一种对公司业务的简单介绍。第二是重点不够突出，结果性指标明显多于过程内容。尽管可口可乐 HBC 在战略报告中对企业如何实现长期成长和价值的基本逻辑予以说明，甚至引入了过去一年企业战略的执行情况及差异分析，但大多数披露信息仍以结果变量为主，如投资项目仅对营运资金、资本支出占营业收入的比重加以说明。投资者若要进一步获取企业现阶段的资产配置、未来业务发展重点、本报告期内的重要经营决策和投资项目等决策相关信息时仍需前往其他板块如 CEO 问答、顾客及供应商管理、风险管理、分部报告等加以搜寻，而长达 84 页的战略报告对于非机构投资者而言也大大提升了提取有用信息的难度。

与商业模式板块披露的相对简洁明了相比，可口可乐 HBC 在战略报告其他一些板块的披露可谓是十分详细，如员工工作环境的改善、社区管理、消费者关系管理、外部供应商等合作关系的管理、风险管理等，特别是消费者方面就产品升级和需求分析等问题进行了详细阐述。虽然这种带有特定侧重点的信息披露方式与可口可乐 HBC 身处快消品行业有关，但这也在一定程度上揭示出了当今交易关系的管理对于企业的价值创造活动而言至关重要。

如果对综合报告中的商业模式加以简单概括的话，其作为一种价值创造系统，将各项投入资源通过企业自身执行的各项商业活动转换成一系列成果或产出。在这一过程中，企业不仅使用了股东所投资的资本，也使用了诸如土地、水等自然资源以及员工、管理层投入的人力资本等其他资源，因此企业在对成果和产出加以描述时也应充分考虑这些利益相关者所能从企业获取的价值。这种考虑了利益相关者的价值创造系统为企业的商业模式赋予了一个重要的意义，即将商业模式视作企业与外部环境之间建立连接的工具和方式。但在现实的经营活动中，企业最关心的往往还是较为“狭义”的商业模式概念及其应用，具体而言，就是企业为顾客创造价值并获取收益的过程。从可口可乐 HBC 的战略报告来看，其通篇内容与其说是向利益相关者展示价值，更不如说是围绕“顾客”这一目标群体诠释企业“做生意的方式”以及“如何赚钱”。换言之，可口可乐 HBC 战略报告中的商业模式披露仅仅是为了配合 FRC 的法定要求所做的形式上的披露，其所理解的商业模式中最为关键的“交易结构及交易关系管理”这一部分才是最应该在战略报告中予以详细说明的内容，也是商业模式的本质所在。

综上所述，从当前会计信息披露领域对商业模式的探索来看，商业模式作为一种“价值创造方式或系统”已然得到了政策制定方和企业方的共同认可。但从披露的具体内容来看，政策制定方更希望通过商业模式这一整合披露工具将利益相关者视角引入现行财务报告体系；而与之形成差异的是，尽管企业一方也承认应当从利益相关者的角度诠释自身的价值创造过程，但明显部分利益相关者的重要性更为突出，如员工、供应商、客户等，这也导致其在战略报告的内容设计过程中对上述群体予以明显侧重。若从理论支撑的角度加以解读的话，两者均是 Zott 和 Amit（2001，2007，2008）、Teece（2010）、Zott 等（2011）等一系列经典商业模式理论的实际应用，其中企业方面对商业模式的理解更加接近 Zott 和 Amit（2001，2007，2008）以“交易结构”为核心的商业模式分析范式。

# 第4章

# 不同商业模式类型的评分系统构建与创业板上市公司的商业模式评分概况

本章的主要目的是阐述效率型、新颖型两种商业模式类型的评分体系并以之为基础对我国创业板上市公司的两种商业模式类型评分进行基本的统计和描述。章节内容主要分为三个板块，首先，对 Zott 和 Amit（2007，2008）的商业模式评分量表进行回顾与说明，系统分析其优缺点；其次，对本书改进后的商业模式评分体系内容、具体操作方式及评分过程进行详细阐述；最后，对 2018 年我国创业板 600 家上市公司的商业模式得分进行基本的统计、描述和数据检验。

## 4.1　Zott 和 Amit（2007，2008）的商业模式评分体系及其优缺点

### 4.1.1　Zott 和 Amit（2007，2008）设计商业模式评分体系的基本原理

商业模式的分类与计量是该领域研究的重点和难点所在。其主要原因在于商业模式至今并没有一个统一的、权威的定义，而在早期的商业模式研究文献中，不同学者强调的关键要素也有所不同，很难得出一致的分类结论（原磊，2007）。后期的商业模式定义倾

向于向“价值创造”这一概念靠拢，即将商业模式视作一个创造和传递价值的体系（Teece，2010；Wirtz 等，2016），企业通过运转这一系统获取收益，为此需要正确安排各项内部经济要素并处理好与其他外部经济实体之间的关系。如果将价值视作商业模式概念的核心，便可以总结出其在企业内部流转的三个关键节点：价值创造、价值传递和价值捕获（Teece，2010）。其中价值捕获是商业模式运行的结果和落脚点，可以理解为面向客户获取收益的方式；而价值创造和价值传递则分别对应了企业产品或服务的生产及流通环节，不同企业在上述三个层面的差异可以构成商业模式分类的理论依据。

以“价值创造”为核心的商业模式概念体系体现出了这一概念的发展特征，即由单纯对新技术发展的思考转移至对战略管理理论的补充。作为一种具备充分的宏观视角的管理理论，战略管理自诞生以来便一直关注企业的绩效问题，并将其视作战略管理领域研究的终点和使命（马浩，2019）。几十年以来战略管理理论所要解释的首要问题便是不同企业之间的业绩为何会存在如此之大的差异，为此需要寻找到一个或一组相对客观而直接的评价企业业绩的变量，那么以资本回报率、市场价值为代表的绩效指标无疑是合适的选择。由此，问题便可以向更上一层进一步归结，即：究竟是哪些因素决定了企业的经营业绩？企业究竟该如何提升其绩效？关于这一问题的回答衍生出了许多有价值的研究成果，其中较为著名的便是 Porter（1985）从竞争角度出发所提出的“五力分析模型”以及 Teece 等（1997）基于权变思想所提出的“动态能力”理论。后期随着理论和企业实务的不断发展变化，包括与技术创新相适应的新商业模式的出现、以利益相关者理论为代表的社会责任学派的发展以及平衡计分卡等新型业绩评价体系的提出，单一业绩指标正逐渐被以“价值创造”为核心的综合业绩指标所替代并成为战略管理领域所关注的核心变量。商业模式作为企业战略这一指导思想逐步落实至最终经营目标的中间环节，其研究重心转移至“企业如何创造价值”也就显得顺理成章了。

但问题也随之而来，尽管商业模式与企业战略一道将价值创造作为最终的落脚点，但其本质仍是企业战略在具体经营层面的体现与落实。换言之，研究内容及视角包含范围极广的战略研究领域的各项经济因素均可以对商业模式施加影响，其中不仅包含产业组织、战略联盟等外部环境要素，还包括组织结构、有形及无形资源、管理层特征及决策风格等企业内部要素。若要将商业模式作为企业战略在经营层面的表现形式，如何处理上述各项要素的影响关系、如何将各项要素纳入自身的体系结构便成为一个关键却充满难度的问题：若涵盖要素过少，则商业模式概念未免过于浅显，无法完整地描绘出企业经营的整体架构和逻辑；若涵盖要素多而全面，则势必会造成概念因涉及要素过多而缺乏重点并难以理解。典型如Osterwalder和Pigneur（2010）在《商业模式新生代》一书中提出的“商业模式画布（Business Canvas)”，这一分析工具试图将商业模式中的关键要素标准化，以方便创业者将其带入具体的商业模式设计情境，内容则包括价值主张、客户细分、客户关系、渠道、核心资源、关键业务、重要合作、收入来源、成本结构九个板块。从实用主义的角度来看，商业模式画布可以较为容易地令商业模式设计者明晰自身的经营重点所在并采取相应的管理及资源配置措施。但是，这种基于多个维度的全面描述却很难抽象出一个总体的主题，无法实现如Miles和Snow（1978）对企业战略所做出的“进攻型、防御型和观望型”之类的划分。

如若放弃以全面、整体为指导思想的商业模式分类方式，一种可行的替代方案就是针对商业模式中某一具体而重要的维度提出商业模式的类型划分，并以此为基础串联起商业模式的其他要素并解析出企业的价值创造过程。除此之外，还应放弃难以进行直接度量的类似于“进攻”或“防御”的程度划分，转换为以“某一具体典型方式”为基础、但不同方式之间并不存在明显冲突或正交关系的类别划分。这便是 Zott 和 Amit（2007，2008）在构建商业模式分类标准和计量量表时所遵循的主要思路。在 2001 年发表于 Strategic Management Journal 的文章中，两位学者以新兴电子商务企业作为研究对象，在掌握大量案例数据和一手资料的基础上，结合创业理论和战略管理理论，从价值创造的角度将商业模式划分为四种不同的类型：效率、互补、锁定和新颖。Zott 和 Amit 的商业模式分类依据主要是企业与外部交易者（供应商、客户等）建立连接的方式，也可以称为交易结构。其基本原理在于：企业若要实现收益则需要与外部其他经济实体发生交易行为，而随着以互联网为代表的新兴技术不断发展，企业之间的交易方式和交易边界都发生了巨大变化，单一企业可能会和数以万计或相隔万里的其他经济实体发生业务往来，那么如何管理这种交易结构便成为一个至关重要的命题，这不仅直接关系到企业在实际交易网络中的议价能力，还会影响到企业组织和使用内部资源的方式，上述关键命题则决定了企业选择或改进自身商业模式的方向。在文章中，Amit 和 Zott（2001）将商业模式定义为“一种对旨在通过利用业务机会创造价值的交易的内容、结构和治理的描述”，其用意无非是强调两点：一是商业模式的落脚点在于创造价值，这与战略管理视角的商业模式研究所重点强调的部分是一致的；二是商业模式的关键在于交易过程，因为参与交易是企业最重要的获取价值的方式。如果将 Amit 和 Zott（2001）的定义加以深入解析，便不难发现其以“交易”为核心将价值流转的具体环节予以了串联：交易内容可以理解为企业的产品和服务等，这涉及价值的生产；交易结构包含了外部渠道、客户及供应商关系管理等关键要素，这些决定了企业的价值传递过程是否顺畅；而交易治理则包含了企业为改进交易关系而实施的种种行为，最终目标是将外部交易者的支付转换为企业的实际利润，这体现了价值的最终捕获。

综合来看，Amit 和 Zott（2001）以交易为核心的商业模式定义与 Teece（2010）以价值流转为核心的商业模式定义实际上是高度一致的，其区别在于前者将商业模式中的关键要素予以提取并以之为基础构建出了一个相对清晰的分析架构。而这种分析方式利用商业模式各项要素之间的关联大大降低了实际的分析难度，从而将复杂的问题简单化。本书在此引入一个案例加以简单解析。金蝶国际（股票代码：00268. HK）是一家以提供企业财务软件及相关服务为主营业务的企业。其在 2012 年曾面临由技术革新所引发的巨大经营动荡：由于以云存储和云计算为代表的新型数据管理及处理方式兴起，且这种按次计费、托管式服务的产品可以大大降低中小企业的数据管理成本，金蝶国际的主营业务遭受了前所未有的下滑，其中收入下降 12.71%，年度亏损高达 1.63 亿元。造成这一局面的主要原因在于新型商业模式对企业与客户之间的连接方式产生了巨大的冲击，“财务软件销售及服务”模式下企业所扮演的角色与传统销货企业别无二致，但“云服务”模式下企业则由内容的提供者转变为内容的管理者，且这种按需提供业务、按次收费的方式则赋予了客户极大的灵活性并有效地降低了成本，其市场竞争力及顾客吸引能力自然要强于传统的软件销售及配套服务。在之后的几年中，金蝶国际便将主要精力全部放在了“云业务”的转型上，开发出了包括办公、会计、社交、医疗、物流、车商等在内的多个云产品，为此不惜牺牲短期流动性和转变财务软件业务的分销方式以便节约出更多的资金用于云服务器的投资和建设。纵观金蝶国际 2012—2017 年的年度报告信息，不难发现其大部分关键经济行为均是围绕云服务的建设，而后者正是由企业与客户之间的交易结构革新所引发的。由此可见，Amit 和 Zott（2001）以交易结构为核心的商业模式概念模型在解析具体企业的价值创造过程时具备充分的实用性与说服力，且这一分析方式有效契合了新技术发展背景下企业经营方式的被动变革这一现实经营环境。

### 4.1.2 Zott和Amit（2007，2008）商业模式评分体系的主要内容

Amit和Zott（2001）将商业模式类型划分为四种，其中效率型的商业模式主要强调对成本费用的控制以及信息透明度和交易效率的提高，新颖型商业模式注重交易内容和交易结构的新颖性和吸引力，互补性商业模式强调不同产品及业务之间的配合程度，锁定型商业模式则通过提高用户转移成本的方式重点培养客户忠诚度。在后续的实证研究中（Zott和Amit，2007，2008），出于典型性及度量难易度方面的考量，两位学者主要考察了效率型和新颖型两种商业模式对企业业绩的影响。为展开实证研究，Zott和Amit开发出了一个度量商业模式典型程度的李克特式评分量表，量表中涵盖了两类商业模式的主要特征，当某一企业的商业模式与该特征的契合程度较高时，相应的项目得分也会相对较高。将某一类商业模式各个项目的评分相加汇总便可以得到该种商业模式类型的典型程度，分数越高则越表明企业的商业模式倾向于这个类别的程度越深。在具体的操作方法方面，两位学者以MBA学生为核心成立了一个专门的兼职工作小组，以商业模式类型判别量表为基础对收集到的IPO招股说明书、年度报告、分析师报告、企业主页信息等进行解读和打分，最终汇总出每个样本企业的两类商业模式倾向性得分，具体的评分项目如表4－1所示。

**表4－1　Zott和Amit（2007，2008）的商业模式评分标准和依据**

| 商业模式类型 | 具体判断标准 |
| --- | --- |
| 效率型 | 商业模式参与者的存货成本得到显著降低 |
| | 从用户的视角来看交易流程是简单易懂的 |
| | 商业模式设计允许交易流程执行过程中出现一些错误 |

续表

| 商业模式类型 | 具体判断标准 |
| --- | --- |
| 效率型 | 商业模式参与者的其他成本得到有效降低（如营销、运营、沟通成本） |
| | 商业模式的可扩展性较强（可以实施或小或大规模的交易） |
| | 商业模式令其参与者可以做出明智的决策 |
| | 交易过程是清晰透明的：信息流、服务流、商品流都能得到确认 |
| | 与交易商品的属性相关的信息可以传递至交易参与者以降低信息不对称 |
| | 交易过程中信息可以在商业模式参与者之间互相传递 |
| | 交易参与者可以获知大量关于产品、服务和其他交易者的信息 |
| | 商业模式可以驾驭需求集中化 |
| | 商业模式使快速交易成为可能 |
| | 商业模式整体上提供了较高的交易效率 |
| 新颖型 | 商业模式提供了新的产品、服务和信息 |
| | 商业模式创造了新的参与者 |
| | 新的参与者参与交易的激励是新颖的 |
| | 商业模式可以囊括大量不同种类的参与者或商品 |
| | 商业模式将参与者连接至交易的方式是新颖的 |
| | 商业模式参与者之间相互连接的方式是丰富、新颖的 |
| | 商业模式中核心企业拥有的专利数量 |
| | 商业模式运行依赖于商业机密或者专利权的程度 |
| | 商业模式中的核心企业是否宣称要成为先行者或开拓者 |
| | 商业模式中的核心企业一直在向其商业模式中引入创新要素 |
| | 存在许多潜在的、竞争性的商业模式可以超越当前的商业模式 |
| | 其他可以保持企业商业模式新颖的重要方面 |
| | 整体上来看企业的商业模式是新颖的 |

### 4.1.3 Zott和Amit（2007，2008）商业模式评分体系存在的问题

就研究范畴而言，Zott和Amit（2007，2008）的评分量表本质上属于组织设计或组织结构管理的内容，具体则为经济组织对交易关系的管理。由于技术进步所引发的商业模式革新显著地改变了组织的交易方式乃至组织的边界范围，那么企业一方如何采取适当的安排以适应新型商业模式便具备了充分的研究价值。而关于商业模式与企业战略之间的关系，Zott和Amit（2007，2008）延续了Chandler（1962）的思想，即主张企业战略与内部管理结构之间存在交互及匹配关系，企业战略是一系列具有长远影响和特定目的的策略或行为，商业模式则是对企业组织交易关系及交易结构的一种描述或模板，企业战略的最终实现需要来自商业模式层面的支持和配合。这一关系与商业模式研究领域“商业模式是企业战略的延续或实施”这种主流观点相一致，也很好地解释了为什么“效率型”商业模式与“新颖型”商业模式看起来与“成本领先”战略和“差异化”战略非常相似但两者却是截然不同的概念。首先，从概念界定上来说，“成本领先”战略和“差异化”战略均属于产品市场战略，而后者则属于企业战略的一部分；“效率型”商业模式和“新颖型”商业模式则属于商业模式的一种分类，后者是企业战略在经营层面的延续而非战略本身。其次，就概念所涵盖的内容和范畴而言，“成本领先”战略和“差异化”战略侧重于产品层面的分析，其重点关注的是企业如何安排产品的特征及属性以更好地应对市场竞争；“效率型”商业模式和“新颖型”商业模式则更加注重对交易结构的解析，其主要探讨的是企业如何与外部交易者建立连接，以及通过何种方式及管理措施维持并改善既有的交易关系。从表4-1中不难看出，产品及服务的属性是判断商业模式类型的一个重要环节而非全部，这就意味着单纯从研究内容的角度加

以考虑，商业模式的研究范畴要大于产品市场战略，其在囊括产品、服务、市场分析的同时还包含了交易参与者、连接方式、信息传递等其他诸多要素。不妨考虑一家以金融科技为主营业务的公司和一家以物联网硬件设备销售及互联管理为主营业务的企业，就产品的属性和技术特征而言，两家企业均可以归为实行“差异化”产品战略的企业。但若考虑交易关系的话情况则会有所不同，显然前者的服务范围主要集中于金融行业企业，而后者的服务范围则可以延伸至能源、军工、智慧城市、工业互联网、现代农业等诸多领域，其市场潜力同样不是前者所能比拟的。具体反映在商业模式新颖型评分中，即便是同样以技术为支撑、以新产品为主营业务的企业，两者也会因交易者范围、交易连接方式和市场潜力的不同而产生得分上的差异。这也从侧面说明“效率型”和“新颖型”商业模式是较“成本领先”和“差异化”产品市场战略而言更为综合和全面的对企业交易结构的描述。为确保内部评分项目的合理性以及不同类型的商业模式评分项目确实属于不同的评分维度，Zott 和 Amit（2007）做了大量的统计检验工作，包括利用因子分析（CFA）和偏最小二乘法回归（PLS）对不同评分项目的得分进行检验等，最终证实其所设计的商业模式评分项目是合理的，这一程序既为其文章发表于管理学权威期刊 Organization Science 和战略管理顶级期刊 Strategic Management Journal 奠定了基础，也为后期学者借鉴其评分体系创造了良好的条件。

Zott 和 Amit 的一系列文章（2001，2007，2008）对后期学者产生了较为深远的影响，以效率型和新颖型为标准的分类方法为之后的大量研究所应用（程愚等，2012；Wei 等，2014，2017；胡宝亮，2015；Pati 等，2018）。尽管台湾学者 Huang 等（2012，2013）曾借鉴 Johnson（2008）发表于 Harvard Business Review 上的商业模式定义开展实证研究，但其研究主要针对商业模式创新而非静态的商业模式类型。在数量相对稀少的商业模式量化研究中，Zott 和

Amit（2007，2008）的分类及评分量表无疑占据着支配地位。但从研究内容及评分标准的设计来看，两位学者的文章仍存在一定局限：第一，文章将研究样本局限在利用互联网进行销售或者开展部分互联网相关业务的企业，且样本数仅有190家，尽管可以较好地契合“互联网技术发展—交易方式变化—商业模式在不同企业之间产生差异”这一研究背景和分析逻辑，但也大大限制了研究结论的普适性，特别是在当前经济环境下新兴技术的发展已经不仅仅表现为单一互联网技术的进步，人工智能技术、机器人、智能制造、区块链、大数据分析、云存储、物联网等新兴技术正逐渐在大量的新兴企业中获得应用，特别是“工业4.0”“中国制造2025”的提出和政策支持使得大量传统行业企业纷纷采用新型技术不断升级自身的产品及服务，这又必然会导致交易关系和交易方式的变化，对这些并非以互联网为主业的企业进行商业模式的相关探讨同样十分重要。第二，由于创业企业受路径依赖和管理惯性的影响相对较小（Stinchcombe，1965），且其发展过程中所面临的外部环境变化较为明显（Langlois，2007），也更依赖跨越组织边界的交易关系（Hite和Hesterly，2001），因此Zott和Amit（2007，2008）在文章中选取了大量的初创企业作为研究对象。尽管两位学者定义初创企业为“具有在未来达到可观的规模及收益能力的年轻组织”，但作为其研究样本的初创企业却并没有经历较长时间的成长与发展，190个样本中有107个样本在观测期5年之后分别因为被并购、退市、破产等原因而消失，尽管这可以在某种程度上避免幸存者偏差，但也严重削减了样本的代表性（在后期学者的研究中，Pati等注意到这一问题并删除了大量经营状况不稳定的企业样本），毕竟无论是在资本市场还是在实际的经济发展过程中，产生影响较大、对经济和社会贡献较为明显的依然是进入稳定成长期和成熟期之后的上市公司。第三，就量表的具体内容而言，Zott和Amit（2007，2008）的评分量表中有部分难以理解或表意重复的项目。例如，新颖型商业模式评分量表中“存在许多潜在的、竞争性的商业模式可以超越当前的商业模式”一项在实际进行评分操作的过程中很难解释其准确含义；而效率型商业模式评分项目中“与交易商品的属性相关的信息可以传递至交易参与者以降低信息不对称”“交易过程中信息可以在商业模式参与者之间互相传递”“交易参与者可以获知大量关于产品、服务和其他交易者的信息”三个项目之间存在着较强的重复和替代关系，若将三者的评分相加无疑存在着将信息透明度的内容过度放大的问题。事实上，Zott 和 Amit 在 2008 年发表于 Strategic Management Journal 的文章中已经主动对 2007 年发表于 Organization Science 上的文章中的初始评分量表予以了一定程度的改进，将部分重复的评分项目予以整合和合并，目的是“净化相关评分项目”。而在后期学者的研究中，不同研究者也根据自身研究需要对上述评分量表予以了调整和修正，如 Wei 等（2014）、Wei 等（2017）和 Pati 等（2018）分别将单一类型商业模式的评分项目精简为 10 项、11 项和 7 项，并将其修改为适合向企业 CEO 发布问卷调查的形式；程愚等（2012）则直接将“效率型”和“新颖型”两类商业模式结合我国企业经营的现状修改为“技术主题”商业模式和“方法主题”商业模式。综合来看，若要丰富和完善商业模式的经济后果研究，首要任务就是突破 Zott 和 Amit（2007，2008）的研究局限并对商业模式评分体系予以适当改进，这也是降低实际评分的操作复杂程度、确保研究结果科学稳健的需要。

# 4.2 修正后的商业模式评分体系及评分流程说明

## 4.2.1 修正后的商业模式评分体系及适用样本

本书根据研究需要，本着易于理解和操作的原则，对 Zott 和 Amit（2007，2008）的评分体系予以了一定程度的改进，如表 4 - 2 所示。

表 4 - 2　　改进后的商业模式评分标准

| 类型 | 子类别 | 评分项 |
| --- | --- | --- |
| 效率型 | 成本管理 | 1. 该商业模式有助于降低存货管理难度和成本 |
| | | 2. 该商业模式有助于降低营销、运营、沟通成本 |
| | | 3. 该商业模式可以驾驭需求集中化 |
| | 交易设计 | 4. 该商业模式允许交易过程中出现错误（存在容错率） |
| | | 5. 该商业模式的可扩展性较强（可以实施较大或较小规模的交易） |
| | | 6. 从用户的视角来看该商业模式的交易过程简单易懂 |
| | 交易过程 | 7. 交易过程是清晰透明的（信息流、服务流、商品流都能得到确认） |
| | | 8. 交易过程中信息可以在商业模式参与者之间互相传递 |
| | | 9. 该商业模式可以使其交易伙伴做出更明智的决策 |
| | | 10. 该商业模式使快速交易成为可能 |
| 新颖型 | 产品与服务 | 1. 该商业模式提供了新的产品、服务和信息 |
| | | 2. 商业模式可以囊括大量不同种类的商品及市场参与者 |
| | | 3. 商业模式运行依赖于商业机密或者专利权的程度 |
| | | 4. 企业拥有的专利数量或自身技术水平 |

续表

| 类型 | 子类别 | 评分项 |
|---|---|---|
| 新颖型 | 交易过程 | 5. 该商业模式具有吸引诸多不同种类的参与者加入交易的潜力 |
| | | 6. 这些新加入交易者加入交易的激励是新颖的 |
| | | 7. 该商业模式中企业与交易者的连接方式是丰富而新颖的 |
| | 其他机制 | 8. 该企业是否宣称在未来要成为行业内的创新先驱者 |
| | | 9. 企业对自身商业模式的革新力度（延伸产业链、拓宽市场等） |
| | | 10. 企业为改进商业模式而进行的其他活动（如战略合作、并购） |

表4－2的评分标准借鉴了Zott和Amit（2007，2008）的判别量表（见表4－1），但在以下几个方面进行了改进：第一，本书的判别量表删除了部分表义明显重复的项目，并将同类型的评分项目进行了整合，这样在方便评分者理解的同时也可以显著提高评分效率，其中，对效率型商业模式下有关企业透明度评分项目的删减借鉴了Pati等（2018）的操作方式，将三项减为两项。第二，本书的判别量表去掉了明显难以理解的项目如“存在许多潜在的、竞争性的商业模式可以超越当前的商业模式”（Wei等、Pati等两组学者均在文章中选择舍弃这一项目，笔者所在评分工作小组在进行讨论后认为，此项评分难以设计出合理的操作标准），并将“商业模式中的核心企业一直在向其商业模式中引入创新要素”“其他可以保持企业商业模式新颖的重要方面”这类相对抽象的项目予以细化，通过产业链改造、拓展市场、战略合作、并购等详细措施予以衡量，这一改进方式借鉴了Wei等（2017）和Pati等（2018）的研究，但与上述两组学者存在区别的是，由于本书研究涉及样本为上市公司，可通过公开渠道获取企业的技术相关信息而不触及商业机密问题，因此对Zott和Amit（2007，2008）评分量表中与技

术相关的项目予以了保留。第三，本书针对每个评分项目设置了详细而具体的评分操作标准，这一标准是经过评分小组前期讨论结合对评分实际工作中反馈出的问题加以不断完善而得出的，在具有较强可操作性的同时可以尽可能地减少由主观判断所带来的不同评分者之间的差异。同时，为确保评分结果的准确性和科学性，本书还设计出了一套严谨的、合理的数据复核及结果保障机制，具体将在后文中进行说明。

在每个评分项目的分数设置方面，本书沿用 Zott 和 Amit（2007，2008）的评分设计，以强烈同意（1）、同意（0.75）、不同意（0.25）和强烈不同意（0）作为一般项目的赋值依据，对于"该商业模式可以驾驭需求集中化"以及"该企业是否宣称在未来要成为行业内的创新先驱者"两项以是（1）和否（0）作为赋值依据，对于"企业拥有的专利数量或自身技术水平"一项则以企业掌握专利数量或研发强度（研发投资/营业收入）为基础将所有同行业企业进行四等分，以 1、0.66、0.33、0 分别赋值专利数量或研发强度排名前 25%、第 26%—50%、第 51%—75%、第 76%—100% 的企业。

为确保判别量表应用于我国企业情境之下的研究的合理性，需要谨慎选择相应的研究样本。考虑到 Zott 和 Amit（2007，2008）研究以初创企业作为样本，为保持研究样本特征方面的一致性，本书选取了创业板上市公司作为研究对象。创业板市场又称二板市场，是我国为鼓励暂时无法在主板上市的创业型企业、高科技产业企业和中小企业参与股票市场交易并获取融资而成立的证券交易市场。其 IPO 门槛与主板市场相比相对较低，因而可以容纳更多以科技为主题、规模较小、处于成长阶段的企业，创新创业和以高科技为代表的特征使得创业板上市公司可以更好地契合商业模式的研究需要，其经营弹性较高、对新技术较为敏感、广泛依赖跨组织的交易使得"效率型"和"新颖型"两类商业模式之间的对比和差异更为明显。但与初创期企业相比，创业板上市公司显然更为成熟，其商业模式运行也相对更加稳定，因而可以有效避免样本企业在一定时期之后大范围消失的问题。另外，我国的创业板市场除了包含通信、计算机技术、软件和信息技术服务等与互联网直接相关的行业外，还包含了大量传统行业如农业、食品加工、纺织服装、医药化学、设备制造、工程服务等，其覆盖范围更加广泛，样本代表性也更为充足。特别是根据本书实施样本企业追踪调查的结果，突破自身固有传统业务的企业不在少数，其中部分企业运用大数据、物联网等技术改进自身的产品和服务体系，在延伸产业链的同时广泛地扩展了市场空间。如新天科技（股票代码：300259）过去是一家以提供智能水电表、燃气表为主营业务的企业，其在引入物联网技术后逐渐将自身打造成了集智能计量、远程监测、软件开发、数据管理为一体的云平台，并将服务范围拓展至智慧农业等其他领域；也有企业通过并购、自有资金投资等方式直接切入互联网领域，形成传统业务与互联网业务并存的局面，典型如金科文化（股票代码：300459），其过去曾是一家以漂白助剂为主要产品的企业，在开展大量的并购与资源整合后上线了互联网文化、互联网广告等多项新型业务，服务范围也扩展至存在营销需求、娱乐需求的大量新客户。由此可见，本书将商业模式评分量表的应用范围扩展至创业板的全部上市公司有其合理性和意义。

需要特别说明的是，尽管本书所借鉴的 Zott 和 Amit（2007，2008）评分体系最初应用于电子商务和互联网相关企业，但后期学者如 Wei 等（2014，2017）、Pati 等（2018）等逐渐将这一评分体系的应用范围拓展至非互联网相关企业，其中在 Wei 等（2017）发表于管理科学领域权威期刊 International Journal of Production Economics 的"Manufacturing flexibility, business model design, and firm performance"一文中，186 家企业样本均为制造业企业。将 Zott 和 Amit（2007，2008）的评分体系应用于非互联网企业存在其理论依据，也符合商业模式理论的发展特征：首先，从概念本源来看，Amit 和 Zott（2001）所提出的“效率型”“新颖型”商业模式分类主要针对企业通过参与交易创造价值的方式，而“通过参与交易实现和创造价值”这一表述具有普适性，任何以盈利为目的的企业均要履行这一经济活动，特别是在 Teece 等学者的不断推动下，企业的价值流转活动逐渐成为商业模式研究的核心，将这一分类和度量方式应用于更大范围的企业样本是符合理论发展趋势的。其次，Amit 和 Zott 虽然以电子商务和互联网企业举例解析商业模式，但本质上是在阐述互联网信息技术的进步显著改变了企业参与交易活动的方式和范围以及相应的组织结构和交易安排，按照这一观点进行延伸，则互联网技术的最新发展形式如大数据、云存储、物联网等同样可以达到改变企业交易结构和交易关系的效果，而对这些技术的应用已经突破了以往电子商务企业和互联网相关企业的范畴，那么将 Zott 和 Amit（2007，2008）的评分体系应用于其他行业也就自然存在其合理性。最后，从评分体系内部的项目设计来看，Zott 和 Amit（2007，2008）的评分量表中并不存在仅能适用于电子商务或者互联网相关企业的评分项目，各个评分标准在应用于其他行业企业的分析时也并不存在明显冲突。综上所述，本书将 Zott 和 Amit（2007，2008）的商业模式评分量表应用于非互联网企业是具备相应的理论依据的。

为排除 IPO 初期企业经营状况不稳定、盈余管理程度较高等问题，本书在进行样本筛选时排除了上市时间不足三个报告期的企业，同时还删除了研究期间已经退市的企业样本，剩余样本数为 600 家企业。

### 4.2.2 不同类型商业模式倾向性的评分过程及详细操作标准

为了实施具体的打分工作，笔者所在的项目组以兼职工作的名义招募了 4 位本科及 MPAcc（会计专业硕士）的学生进行专职的打分工作，其中本科生1名，MPAcc3名，所有学生均具备一定程度的专业知识以及科研经历，部分成员还拥有较为丰富的企业、金融机构的实习经历和行业分析能力，确保可以胜任此项工作。之所以放弃使用MBA学生而是启用在校的全日制学生主要是基于以下几点考虑：（1）商业模式的评分工作数据量庞大且需要较长时间的培训及工作过程，需要同时完成日常工作和课程任务的MBA学生通常难以确保足够的参与时间，而在校全日制学生则可以利用暑假的时间集中参与评分工作；（2）本书所研究的样本为创业板上市公司而非MBA学生所在企业，评分信息也均取自公开渠道，因此MBA学生并未比在校全日制学生占据信息优势；（3）就课程完成度而言，项目组招募的4位全日制在校生已经完成了各项专业课的完整学习，在专业知识方面较尚且处在学习阶段的MBA学生而言更具优势。项目组具体的评分流程如下：首先由项目负责人（即笔者）选取部分企业进行试打分，以确定基本的操作流程和判断标准。为确保试打分样本的代表性，笔者选取了行业代码C3“计算机、通信和其他电子设备制造业”中的5家企业梅泰诺（股票代码：300038）、朗科科技（股票代码：300042）、台基股份（股票代码：300046）、欧比特（股票代码：300053）、海兰信（股票代码：300065）作为初始样本，主要是考虑到这些企业的业务差异相对较大且具有一定的代表性，5家企业的基本资料如下所示：

梅泰诺（300038）：早期主要提供通信塔的相关产品，包括完整的解决方案；后期进入互联网领域，提供智慧营销、智能通信物联网、数据智能应用与服务。

朗科科技（300042）：一家以闪存应用和移动存储设备（如移动硬盘）为主要产品的企业，是一家业务简单、始终如一的企业。

台基股份（300046）：早期主营业务为半导体器件的生产和销售，后期引入互联网影视剧制作与投资。

欧比特（300053）：早期业务主要为集成电路和芯片生产，后期开始强化航天领域的业务，形成宇航电子、卫星大数据、人工智能三大板块。

海兰信（300065）：聚焦于航海电子科技的企业，包括数据记录仪、雷达等，还包括船舶管理系统，后期拓展了产品线，加入了诸多智能航海的项目，广泛运用了无人机、大数据及人工智能技术。

根据5家试打分样本企业的相关资料确定基本的评分标准和操作流程后，笔者召集项目组全体成员召开一次培训会议，对详细的评分细则进行说明，确保每个项目组成员掌握基本的工作方法。分工情况为每人负责120家企业左右，视具体行业的企业数量而定，主要参考资料为创业板上市公司的招股说明书、最新年度报告（2018年）、分析师研究报告以及企业主页信息，上述资料均可在和讯网（http：//www.hexun.com/）进行直接下载或查询。在评分过程中，评分者通常以IPO招股说明书—企业年度报告—分析师研报的顺序阅读相关资料，企业官网主页信息仅在前三项资料无法满足要求时查阅，评分者需要在确保对所评企业足够了解的前提下填写各个评分项目。由于论文篇幅所限，本书无法展示出针对所有情况的商业模式评分规则，仅列出各个评分项目的简要判断标准。

第一，效率型商业模式评分项目说明。

（1）该商业模式有助于降低存货管理难度和成本（强烈同意、同意、不同意、强烈不同意）。比较容易判断的一个项目，根据产品性质判断即可，一般以软件、服务为主的业务和轻量化产品的存货管理难度都较低，产品结构单一也有助于降低核心企业及交易参与者的存货管理成本；可计算“存货周转率=营业成本/存货”辅助判断。

（2）该商业模式有助于降低营销、运营、沟通成本（强烈同意、同意、不同意、强烈不同意）。与存货相似，一般情况下产品结构单一、产业链相对简单都有助于降低营销及管理成本，需要特别注意的是具备特殊营销能力的企业如从事互联网大数据营销业务的企业（如梅泰诺），尽管其所经营的互联网服务可能比较复杂，但由于其具备提供智能营销业务的能力，因此其自身的费用节约能力很强；可计算“费用比率 = （销售费用 + 管理费用）/营业收入”辅助判断。

（3）该商业模式可以驾驭需求集中化（“是”赋值为1，“否”赋值为0）。比较容易判断的一个项目，可以观察企业的客户集中程度并加以考量。通常上市公司的客户情况都披露于年度报告中“主营业务分析”板块下的“主要销售客户和主要供应商情况”条目中，但具体定义何种情况为“需求集中化”需要根据行业内的情况判断，例如对于样本的五家企业而言，前五大客户集中度达到30%左右或以上，第一大客户业务量在10%左右或以上可判定为需求集中化。

（4）该商业模式允许交易过程中出现错误（存在容错率）（强烈同意、同意、不同意、强烈不同意）。与产品性质和提供产品的方式有关，产品重要（如风力发电转轴）或涉及人身安全（疫苗类、癌症治疗类药物的容错要显著小于中成药、保健药）、安保领域（抢险救灾设备、火灾报警装置等）、特种领域（航空航天、军工等）、金融以及互联网保密程度要求较高的商品交易过程中的容错率都会比较低；大型重点工程、“一揽子”解决方案和“交钥匙”式服务等综合项目的容错率会相对较低，如桥梁工程承包、海上工程承包、智慧园区建设及运营、农业育种、实验室专业检测等。

（5）商业模式的可扩展性较强（可以实施较大或较小规模的交易）（强烈同意、同意、不同意、强烈不同意）。需要使用管理会计的相关知识加以判断，通常固定成本较大的产品或业务所需要的保本销售量比较高，而变动成本比较大的产品或业务则对销售量敏感度相对较低。信息服务业务前期所需要进行的投资额巨大(通信塔、基站、服务器、卫星等),而一旦建成之后单位产品或服务的成本极小,所以信息、数据服务相关的业务越多,商业模式的可扩展性越差,典型如各类资讯网站、各类自主研发计算机软件、卫星数据应用、大数据综合服务平台等。物联网行业的智能终端需要具备一定的数量和规模方能发挥最大的价值,因此其可扩展性相对较差,如智慧城市、环保检测领域的数据采集。需要注意的是 O2O 网络营销,单纯构建线上销售网站所需要的固定成本并不是很高,因此对保本产量的影响会相对较小。项目式服务运营弹性比较大,可根据需要进行业务规模管理,商业模式可扩展性会相对比较好,但如果项目的规模过于庞大、周期过长,则会因难以实施大规模交易而降低评分,在石油开采、土木工程等行业会发生上述情况。

(6) 从用户的视角来看该商业模式的交易过程简单易懂(强烈同意、同意、不同意、强烈不同意)。此项评分需要结合企业的产品和服务内容加以判断,通常情况下产品和业务比较复杂、描述比较模糊、让人很难准确把握重点的企业此项分数都不会很高。典型如神州泰岳(股票代码:300002),其同时运营物联网通信、人工智能/大数据、信息通信技术(Information Communication Technology,简称 ICT)运营管理、手机游戏等多项业务板块,且产品与服务的应用场景众多,很难简单描述出其具体的交易过程。

(7) 交易过程是清晰透明的(信息流、服务流、商品流都能得到确认)(强烈同意、同意、不同意、强烈不同意)。与项目(6)的评分存在共通之处,但区别在于部分描述相对简单的业务其交易过程却并非清晰透明,如吉艾科技(股票代码:300309)的 AMC 业务(Asset Management Companies,即特殊机会资产管理业务),尽管其对特殊机会资产(包括被低估、处于经营困境的资产)的评估、收购、管理、处置等服务内容相对清晰,但具体的操作过程却很难达到清晰透明，例如，资产或债权包的具体内容是什么？企业又是通过何种经营管理手段使其升值并最终出售？此类情况下该项目评分可以酌情降低。

（8）交易过程中信息可以在商业模式参与者之间互相传递（强烈同意、同意、不同意、强烈不同意）。此项目主要考察信息的开放程度，即假如评分者是企业的客户或者潜在客户，其能否顺利得到其他客户的交易信息或者与企业有关的有价值信息。一般而言通过公开渠道销售商品的企业，其商品价格大多对外开放，因而信息传递障碍较小，如通过电商、自有网站进行产品销售或开展O2O业务的企业。而提供专有信息服务、商品的保密性较强、需要单独签订招标合同、针对不同客户的产品差异性较强以至于需要特殊定制的企业此项得分会相对较低。

（9）该商业模式可以使其交易伙伴做出更明智的决策（强烈同意、同意、不同意、强烈不同意）。比较抽象的一个项目，需要考虑如果评分者是该企业的客户，其能否通过与企业进行交易而改进自身的决策质量。一般情况下提供的产品体系或者服务方案越全面越精细，该项得分越高，具体可遵循以下原则：单纯销售产品的企业可赋值为0；在销售产品的同时提供配套的安装、调试及售后技术服务的企业，或者自身产品体系可以汇聚成一个相对完整解决方案的企业可赋值为0.25；产品与服务构成了一条产业链的完整服务体系，包括前期规划设计和咨询、中期提供相关产品及配套服务、后期确保相应的技术支持与反馈工作，这种类型的企业可赋值为0.75，开展工程承包类业务的企业大多属于这一范围；在上述完整产业链服务体系的基础上进一步加入与新兴技术相关的决策支持体系和工具，如大数据分析、物联网智能化管理等情况下该企业的此项得分可赋值为1。

（10）该商业模式使快速交易成为可能（强烈同意、同意、不同意、强烈不同意）。判断此项的标准即企业的交易周期，商品从企业流转到客户的手中完成全部销售过程的速度越快，该项得分越高。开展互联网线上交易业务和以轻量化商品销售为主的企业通常该项得分较高。如果自合同签订至最终交货所需时间较长，如从事光伏电站建设、大型工程承包、智慧城市建设、信息化系统及平台的全面建设、影视剧产品的拍摄等业务的企业，该项得分会相对较低。

第二，新颖型商业模式评分项目说明。

(1) 该商业模式提供了新的产品、服务和信息（强烈同意、同意、不同意、强烈不同意）。比较好判断的一个项目，通常产品或服务中运用新兴技术如大数据、云服务、人工智能、无人机、物联网、智能制造等比较多的企业，该项得分会比较高。若企业具备突破性的技术并形成了可推广、有市场前景的产品（如取得国际认证或实现进口替代），该项得分可酌情提高。区分 0 分与 0.25 分的依据在于，若企业在报告年（即 2018 年）与 IPO 年度相比提供了新的产品和业务，该项可赋值 0.25 分，否则赋值为 0 分。

(2) 商业模式可以囊括大量不同种类的商品及市场参与者（强烈同意、同意、不同意、强烈不同意）。该项评分主要考察企业产品或服务的种类是否丰富，市场前景是否广阔，属于一项相对综合的评分。若企业的产品及服务体系非常完整却只针对某一细分市场，如以商业银行为主要服务对象的金融科技企业，则该项目得分最多为 0.25 分。通常产品及服务可覆盖 2—3 个细分市场的企业视交易对象多少评分可在 0.25—0.75 之间浮动；互联网平台式企业视交易参与者多少评分可在 0.75—1 之间浮动。

(3) 商业模式运行依赖于商业机密或者专利权的程度（强烈同意、同意、不同意、强烈不同意）。比较易于理解的一个评分项目，一般而言产品或服务的技术附加值越高，该项目的得分通常越高。可辅助项目（4）加以判断。

(4) 企业拥有的专利数量或自身技术水平（专利数前 0—25%

赋值1，第26%—50%赋值0.66，第51%—75%赋值0.33，最后76%—100%赋值0）。企业所拥有的专利数量一般在年度报告的“经营情况讨论与分析”或者“核心竞争力分析”板块里面，在摘录时注意需要获取的是截至报告期末企业拥有的所有专利数而不是当年申请或新增的专利数，在所有同行业数据收集完毕后把企业按照专利数进行四等分然后赋值即可。如果某一企业的专利数量缺失，则计算“研发强度=研发投入/营业收入”并对标产品、服务近似的同行业企业加以判断。例如样本五家企业中梅泰诺（300038）的专利数据缺失，可将其对标同为大数据运营平台的欧比特（300053），两者的研发强度分别为6.3%和6.8%比较相近，而后者的技术水平评分为1，则梅泰诺（300038）的技术水平评分同样可以赋值为1。

（5）该商业模式具有吸引诸多不同种类的参与者加入交易的潜力（强烈同意、同意、不同意、强烈不同意）。与项目（2）相区别的是，该项评分并不注重当前交易对象的数量而是注重未来吸引交易者的能力，即市场空间和业务推广潜力。当企业采取了明确的拓展市场的措施（如进行海外投资、成立海外事业部或子公司、打通线上销售渠道）或者企业所经营的业务得到了明确的发展窗口时（如环保政策支持、5G通信发展趋势、生育政策变化引发的市场红利），该项得分会相对较高。在单一细分市场中改进产品结构、延伸产业链的行为无法增加该项目的评分，如海兰信（300065）这种聚焦于航海领域的企业最多可赋值0.25。

（6）这些新加入交易者加入交易的激励是新颖的（强烈同意、同意、不同意、强烈不同意）。与项目（5）的评分存在些许联系，如项目（5）的评分为0，则此项目评分自动为0。判断加入交易的激励是否是新颖的这一项目的关键在于明确以下事项：该项交易的主要推动因素到底是内因还是外因？参与交易究竟是企业恰好提供了某种产品或服务，还是企业提供的产品或服务具有足够的吸引力？简言之，由外部环境变化（如政策、海外投资）所引发的交易关系建立一般不会得到比较高的分数，只有当企业自身提供的产品或服务或者相关交易方式具有足够的吸引力时（如运用了新技术、实现定制化生产等），该项目的评分才可以提至0.75或1。

(7) 该商业模式中企业与交易者的连接方式是丰富而新颖的（强烈同意、同意、不同意、强烈不同意）。本项主要考察企业与其他交易参与者建立联系的方式。通常情况下企业或是通过销售产品，或是通过提供服务的方式开展业务并获取收益。但随着新技术不断发展以及互联网时代沟通成本的降低，信息和数据在经济活动中的重要性日益增强，最早定义商业模式的Timmers（1998）就将“信息”提升至产品与服务的重要性相等同的地位。因此，有关信息和数据的提供与分析可以作为一种新型的企业与交易者建立连接的途径并纳入该项评分的考量。具体可参照以下标准实施评分：只销售产品的企业赋值为0，销售产品并提供配套服务的企业赋值为0.25，同时兼营销售产品和提供其他类型的服务或者服务体系相对比较完善的企业赋值为0.75，在提供产品、服务的同时特别强调信息供给与分析的企业可赋值为1。特别需要注意的是，若企业仅提供服务和信息而不销售实体产品（如互联网大数据营销），此时至多赋值0.75。

(8) 该企业是否宣称在未来要成为行业内的创新先驱者（“是”赋值为1，“否”赋值为0）。比较好判断的一个项目，一般在企业年度报告“主营业务分析”下的“公司未来发展的展望”板块中，若企业宣称“要在未来达到行业领先水平”“公司是业内技术领先的企业”“公司的目标是成为国内领先、国际一流的企业”等内容，则该项赋值为1，否则赋值为0。

(9) 企业对自身商业模式的革新力度（延伸产业链、拓宽市场等）（强烈同意、同意、不同意、强烈不同意）。此评分项需要结合分析师研究报告辅助判断，一般情况下分析师会对企业自IPO

以来的产业链拓展、市场开发情况特别是标志性事件做出详细解读，企业自身也会在年度报告的“经营情况讨论与分析”进行一定程度的说明和披露。在进行具体的评分工作时需要注意产业链及市场拓展的程度问题：单纯完善产品结构或小范围地进行市场拓展可赋值为0.25；从上下游角度完善自身产业链或开展了重要的市场拓展行动（如设置国外子公司、打通某一特定消费群体的营销渠道）的企业可赋值为0.75；实施了颠覆性的商业模式创新活动以及与之相匹配的市场结构得以大幅拓展的企业可赋值为1（如梅泰诺从铁塔设备提供商转变为“互联网+物联网”综合服务提供商）。

（10）企业为改进商业模式而进行的其他活动（如战略合作、并购）（强烈同意、同意、不同意、强烈不同意）。与项目（9）相似，此项目的评分同样需要结合分析师研究报告的内容加以判断，通常分析师会对企业实施的重要并购决策和战略合作加以审视和解读，多个分析师针对同一并购事件或战略合作关系发表的一致意见更能佐证该项并购或战略合作对于企业而言的重要意义。此外，企业也会在年度报告的“公司业务概要”“经营情况讨论与分析”等板块中对自身的重大并购重组事件和战略合作伙伴关系缔结情况加以披露。具体赋值可参照以下标准进行：以丰富产品线为目的的横向并购和一般意义上的战略合作伙伴关系建立（如合作成立子公司、引入战略投资者）可赋值为0.25；具备产业链延伸效果或切入全新市场的并购以及具备重要意义的战略合作伙伴关系建立（如开启国际市场的跨国战略合作关系）可赋值为0.75；具备颠覆性商业模式改进效果的并购（如梅泰诺收购国际互联网广告供应端平台公司BBHI集团是其进军智慧营销领域并打开海外市场的重大战略并购）和具有巨大战略意义的合作关系建立（如携手互联网巨头直接切入云服务市场）可赋值为1。

按照上述评分标准，在5家试打分企业中便可以选取出两个代表效率型商业模式和新颖型商业模式的企业，分别是朗科科技（300042）和梅泰诺（300038）。朗科科技是一家典型的专注于单一领域甚至单一产品类别的企业，其自上市以来一直专注于闪存盘及相关产品的开发，在企业的年度报告中，管理层将大量篇幅集中在了有关专利技术、原材料及存货周转以及营销渠道建设这些方面，其存货周转率较高、费用节约能力突出，业务流程简单且交货迅速，与电商等进行广泛合作所能形成的效果就是价格等信息的高度透明化。除了客户集中度相对较低，以及产品体系过于简单无法显著提升交易参与者的决策质量之外，其他部分均非常满足效率型商业模式的特征，其效率型商业模式倾向性水平为 8 分（满分为 10 分）。梅泰诺（300038）则是一家典型的应用新兴技术大幅改造甚至是颠覆自身既有业务体系的企业，其将原本的铁塔基础设备供应升级为集智慧营销、智能通信物联、数据智能应用与服务于一体的综合业务体系。除了将原有的设备制造升级为物联网业务，梅泰诺最大限度地将大数据分析、云存储、机器学习等技术加以应用并创建了新的服务内容。其中，收购海外营销平台 BBHI 集团无疑是关键的一步，既帮助企业完成了业务板块的扩展，又打通了国际市场并带来了雅虎等重要的战略合作伙伴。综合来看，梅泰诺的产品体系相对丰富，特别是大数据业务涵盖了移动支付、征信与银行信贷、运营商、智慧城市、医疗等多个应用场景，可以为企业带来大量新的交易者，而这些新交易者主要基于对新产品的需求而加入企业的供应商或客户行列，其激励同样是新颖的。除此之外，梅泰诺的技术水平同样较高，在 2018 年当年荣获多项与技术创新相关的奖项，其研发投入强度高达 6.29%。因此，梅泰诺的新颖型商业模式倾向性得分较高，达到了 9.75 分（满分为 10 分）。

需要注意的是，笔者在制定各个评分项目的判断标准时，在个别项目如存货管理能力、费用节约能力、企业所具备的技术水平等的判断标准中使用了财务指标如存货周转率、费用比率和研发投入强度等作为辅助资料，这些辅助资料并不会产生严重的内生性问题或是对后期实证研究结果构成干扰，原因如下：第一，本书在选择作为辅助判断的财务指标时尽量避免了与融资行为直接相关的指标（如在费用比率中剔除了财务费用），计算各项指标所依据的报表科目也没有负债项目，除此之外，这些财务指标也仅作辅助判断使用，并非是唯一判断标准；第二，使用财务指标进行判断的项目仅占少数（效率型、新颖型各存在两项），并未对企业的整体商业模式倾向性水平构成较大影响。

为方便理解，本书以总部位于北京的创业板上市公司鼎汉技术（股票代码：300011）为对象，提供一个商业模式评分的具体实例，如表4-3所示。

**表4-3 创业板上市公司鼎汉技术的商业模式评分实例**

| 商业模式类型 | 项目 | 判断要点 | 给分 |
|---|---|---|---|
| 效率型 | 1 | 作为一家高端装备制造企业，鼎汉技术同时提供信息技术服务，在IT技术软件、外包生产模式和集团集中采购等多项机制的支持下，其存货管理能力极强，存货周转速度较快 | 1 |
| | 2 | 鼎汉技术的费用节约能力较同行业企业相比相对较差，销售费用和管理费用比率均相对较高，这可能与企业近期制定的国际化战略有关 | 0 |
| | 3 | 鼎汉技术的最大客户业务占比约为10%，在于同行业其他企业比较中处在较低水平 | 0 |
| | 4 | 鼎汉技术的业务集中于交通运输领域，产品容错率较低，特别是安全检测部分不容失误 | 0.25 |
| | 5 | 鼎汉技术大量推进信息化、智能化技术并从事系统开发，这会形成大量前期成本并使其无法接受小规模的交易 | 0.25 |

续表

| 商业模式类型 | 项目 | 判断要点 | 给分 |
|---|---|---|---|
| 效率型 | 6 | 鼎汉技术的大量业务为“整体解决方案”，可理解性较一般装备制造而言相对较差，而大量信息化系统开发业务则进一步增加了外部人士对企业业务的理解难度 | 0.25 |
| | 7 | 鼎汉技术在交易过程中由于涉及“整体解决方案”的综合式服务，产品、服务和信息相对较为混杂，因而不易被外部人士分辨 | 0.25 |
| | 8 | 鼎汉技术的服务领域为轨道交通，这一领域进入门槛较高，且项目多为招标制或定制产品，交易过程透明度相对较差 | 0.25 |
| | 9 | 鼎汉技术的“整体解决方案”为客户提供了较为全面的服务，信息化、智能化系统建设也有助于客户提升自身的经营能力 | 1 |
| | 10 | 鼎汉技术提供业务的周期相对较长，一个完整解决方案的实施往往需要花费较长时间，系统开发与信息化建设也同样是周期较长的项目 | 0 |
| 新颖型 | 1 | 鼎汉技术使用了较多新型技术，除了系统开发必备的计算机技术外，还包括了智能业务所需的 AI 识别技术 | 0.75 |
| | 2 | 鼎汉技术由于专注于轨道交通服务，其市场范围相对有限，难以吸引较多的交易参与者 | 0.25 |
| | 3 | 鼎汉技术的高端装备制造、信息化建设等业务均是以自身的技术水平为基础的，对技术专利的要求相对较高 | 1 |
| | 4 | 鼎汉技术拥有较强的技术实力（222 项专利，173 项软件著作权），研发投入强度高达 8.16% | 1 |

续表

| 商业模式类型 | 项目 | 判断要点 | 给分 |
|---|---|---|---|
| 新颖型 | 5 | 鼎汉技术在拓展市场方面做出了一些努力，特别是开始实施海外扩张战略，但考虑到其轨道交通领域的产品使用面及扩展难度相对较大，此项仅能给0.25分 | 0.25 |
| | 6 | 鼎汉技术的新加入交易者无疑是被其完整的服务体系和智能化解决方案所吸引，这种激励是新颖的 | 0.75 |
| | 7 | 鼎汉技术的服务体系非常完整，产品销售、综合设计服务、售后支持、信息化建设都是十分完备的 | 1 |
| | 8 | 鼎汉技术在“公司发展战略”板块提出了实现“打造轨道交通行业最值得信赖的国际一流企业”的战略愿景 | 1 |
| | 9 | 鼎汉技术在IPO时期仅仅是一家提供轨道交通电源系统的业务相对简单的企业，经过数年发展后已经形成了集装备制造、综合服务、系统开发与建设于一体的全方位、立体化业务体系，在产业链的拓展方面达到了较高的水平 | 1 |
| | 10 | 鼎汉技术于2017年完成了对德国公司SMA Railway Technology GmbH的收购，考虑到该公司与鼎汉技术业务相近以及具备地理位置、技术、市场等多方面的优越条件，该项并购构成了对鼎汉技术国际化而言具有重大意义的关键战略性并购 | 1 |

在实际开展评分工作的过程中，为避免行业差异对评分判断的影响过大，项目组在进行分工时尽量将特征差异较大的行业分配至不同的评分成员进行评分，特别是在处理成本费用节约能力、企业

技术水平等项目时，尽量按照每个行业内部单独评分的标准进行。具体的行业分组参照证监会在2012年公布的行业分类标准，为方便将属性相似的行业聚为同类，制造业的行业分类取字母后一位（即C1、C2、C3、C4），其他行业则取首字母（A、B、C等）。项目组的实际分工情况如表4-4所示。

**表4-4　商业模式评分分工及创业板上市公司行业状况一览表**

| 项目组成员 | 评分数量 | 评分行业汇总 |
|---|---|---|
| 成员一 | 111 | A（农业、畜牧业），B（开采辅助业），C1（服装、纺织、皮革、食品），C4（仪器仪表），D（燃气、电力），E（土木工程、建筑装饰），F（批发零售），G（仓储业），L（租赁、商务服务），M（专业技术服务），N（生态保护和环境治理），Q（卫生），R（广播、电视、影视、新闻、出版、文化艺术） |
| 成员二 | 103 | C2（医药制造、化学、橡胶和塑料制品） |
| 成员三 | 156 | C3（计算机、通信和其他电子设备制造业、专用设备制造业） |
| 成员四 | 117 | C3（电气机械、铁路船舶、航空航天及其他运输设备制造业、汽车制造、金属制品、非金属矿物制品、有色金属冶炼、通用设备制造业） |
| 成员五 | 113 | I（互联网、软件和信息技术服务业） |

### 4.2.3　商业模式评分的结果保障机制

为确保最终评分的严谨、客观和准确，项目组主要采取了以下方法和措施：

（1）过程控制。在实施评分工作的过程中，项目组组长（即笔者，下同）与组员之间一直保持联系和沟通，期间就部分判断难度较高的情境和具体企业进行讨论，及时发现问题并予以更正

（如部分企业发生行业变更的情况，需要调换组别和评分人员），项目组每间隔一段时间会进行定期的工作总结和汇报。小组成员在最终提交商业模式评分结果时，需要额外附上相应的工作底稿以作备查使用。

（2）复核评分机制。在按照表4－4完成第一轮的评分工作之后，由组长安排第二轮的复核评分工作，即在不知晓其他组评分情况的前提下交换各自企业进行复核评分。具体的交换机制为：组长（表4－4中的成员三）将自身负责的156家企业按照行业进行四等分之后分别交由其他四位成员进行复核评分，同时组长负责其他四组共计444家企业的复核评分。这样安排主要是基于以下两点考虑：一是至少要有一名成员曾经对全样本的600家企业进行评分，从而确保了解创业板上市公司的全部状况，以便应对各种难以判断的情况，同时降低因不同评分者之间的尺度差异而导致的偏差，此项工作交由组长完成较为合适；二是至少确保同一家创业板上市公司存在两位评分者的不同评分，以方便通过对比评分差异及时发现问题，从而开展后期的修正工作。第一轮及复核评分共历时4个月左右完成。

（3）双重修订机制。在完成第二轮的复核评分工作后，由组长整理和统计两组评分结果的差异，并以此为基础展开数据修订。首先需整理出效率型和新颖型商业模式的总分差异在2分以上的企业（满分为10分，最低为0分，根据数据统计，存在2分以上差异的企业数约占总体样本的1/5），由组长联系第一轮的评分者就该企业评分的细节问题进行讨论，并在分歧解决后调整相应的评分。之后还需进行单项复核，即由组长统计出单项评分高于0.5的项目（0.75或1，说明两位评分者之间存在巨大分歧），并就该项评分的判断标准与对应的评分者进行讨论，在达成一致意见后修改评分。典型情境如“提供整体服务的企业是否容错率会相对较低”“招标式合同是否会导致外部交易者的信息获取能力下降”“海外业务拓展是否在吸引新交易者方面足够重要以至于可以给到 0.75”等。两轮修订工作共耗时 1 个月左右。

（4）结果验证。数据收集的最后一步是对评分结果实施统计检验以确保信度。为验证两组评分结果的一致性，本书计算了每个评分项目的 Cronbach's alpha 系数（Cronbach，1951；Nunnally，1978），两类共 20 组评分项中系数最低的组为新颖型项目 5 “该商业模式具有吸引诸多不同种类的参与者加入交易的潜力”，Cronbach's alpha 系数为 0.79，高于 0.7 的可接受标准。这表明经过复核及修订后两组评分之间已经具备了较高水平的一致性。在此基础上，本书进一步计算了两组评分汇总后结果的 Pearson 相关性系数，其中效率型得分两组间的相关系数为 0.93，新颖型得分两组间的相关系数为 0.95，均达到了比较高的水平。综上所述，本书的商业模式评分结果在不同评分者之间存在较高的一致性，可以满足研究要求。

## 4.3 我国创业板上市公司效率型和新颖型商业模式得分情况概述与基本统计

### 4.3.1 分行业的描述性统计

根据前文所提出的商业模式倾向性评分体系，项目组对我国创业板上市公司匹配至两类商业模式的典型程度进行了评价，本书按照行业分类对评分结果进行了数据统计，如表 4-5 和表 4-6 所示。得分 1 和得分 2 分别代表组长的评分汇总（首轮 + 复核）以及其他项目组成员的评分汇总（首轮 + 复核），两者均为已进行双重修订后的结果。效率型商业模式和新颖型商业模式的理论得分均在 0 到 10 之间浮动，得分越高，则说明该企业的商业模式表现出该类特征的倾向性越强。

**表4-5 我国创业板上市公司效率型商业模式得分情况统计（分行业）**

| 行业 | 统计指标 | | | | |
|---|---|---|---|---|---|
| | 观测值 | 均值 | 标准差 | 最小值 | 最大值 |
| A（农业、渔业、畜牧业） | | | | | |
| 效率型得分1 | 8 | 5.5000 | 1.2748 | 3.7500 | 7.0000 |
| 效率型得分2 | 8 | 6.1563 | 1.2388 | 4.7500 | 7.7500 |
| B（开采辅助业） | | | | | |
| 效率型得分1 | 4 | 4.8750 | 0.9682 | 3.5000 | 5.7500 |
| 效率型得分2 | 4 | 5.7500 | 0.9789 | 4.7500 | 7.0000 |
| C1（纺织、食品、皮革） | | | | | |
| 效率型得分1 | 10 | 6.8250 | 1.4532 | 3.5000 | 8.5000 |
| 效率型得分2 | 10 | 6.8250 | 1.4436 | 3.5000 | 8.5000 |
| C2（医药、化学、橡胶） | | | | | |
| 效率型得分1 | 103 | 6.3034 | 1.3452 | 2.2500 | 9.2500 |
| 效率型得分2 | 103 | 6.0097 | 1.4404 | 1.5000 | 9.0000 |
| C3（电气、计算机、交通、金属、非金属、通用专用设备） | | | | | |
| 效率型得分1 | 273 | 6.0861 | 1.8070 | 1.2500 | 9.5000 |
| 效率型得分2 | 273 | 6.1575 | 1.7803 | 1.2500 | 9.0000 |
| C4（仪器仪表） | | | | | |
| 效率型得分1 | 31 | 4.7500 | 1.3678 | 2.0000 | 7.0000 |
| 效率型得分2 | 31 | 4.7984 | 1.1537 | 2.7500 | 7.0000 |
| D（燃气、热力） | | | | | |
| 效率型得分1 | 2 | 4.5000 | 0.3536 | 4.2500 | 4.7500 |
| 效率型得分2 | 2 | 4.5000 | 0.0000 | 4.5000 | 4.5000 |

续表

| 行业 | 统计指标 | | | | |
|---|---|---|---|---|---|
| | 观测值 | 均值 | 标准差 | 最小值 | 最大值 |
| E（土木工程、建筑） | | | | | |
| 效率型得分 1 | 10 | 5.2000 | 1.0261 | 3.5000 | 6.2500 |
| 效率型得分 2 | 10 | 5.2750 | 1.2497 | 3.7500 | 6.7500 |
| F（零售、批发） | | | | | |
| 效率型得分 1 | 6 | 5.3750 | 2.5532 | 1.5000 | 8.2500 |
| 效率型得分 2 | 6 | 6.3333 | 2.7096 | 2.5000 | 9.5000 |
| G（仓储业） | | | | | |
| 效率型得分 1 | 3 | 4.5000 | 2.5372 | 1.7500 | 6.7500 |
| 效率型得分 2 | 3 | 5.0000 | 2.1360 | 2.7500 | 7.0000 |
| I（互联网、软件和信息技术服务） | | | | | |
| 效率型得分 1 | 113 | 4.9049 | 1.5603 | 1.0000 | 8.5000 |
| 效率型得分 2 | 113 | 4.7611 | 1.4053 | 1.5000 | 7.7500 |
| L（租赁、商务服务） | | | | | |
| 效率型得分 1 | 7 | 5.5714 | 0.7868 | 4.0000 | 6.2500 |
| 效率型得分 2 | 7 | 6.4643 | 0.6682 | 5.5000 | 7.5000 |
| M（专业技术服务） | | | | | |
| 效率型得分 1 | 9 | 5.1111 | 1.5467 | 2.2500 | 7.5000 |
| 效率型得分 2 | 9 | 5.0278 | 1.7741 | 1.7500 | 8.0000 |
| N（生态保护和环境治理） | | | | | |
| 效率型得分 1 | 7 | 4.8929 | 0.7618 | 4.0000 | 6.0000 |
| 效率型得分 2 | 7 | 4.5357 | 0.7830 | 3.7500 | 5.5000 |
| Q（卫生） | | | | | |
| 效率型得分 1 | 3 | 4.5833 | 1.0104 | 3.5000 | 5.5000 |
| 效率型得分 2 | 3 | 4.2500 | 1.0897 | 3.0000 | 5.0000 |

续表

| 行业 | 统计指标 | | | | |
|---|---|---|---|---|---|
| | 观测值 | 均值 | 标准差 | 最小值 | 最大值 |
| R（文化传媒、新闻出版） | | | | | |
| 效率型得分 1 | 11 | 4.8182 | 1.2947 | 1.5000 | 6.0000 |
| 效率型得分 2 | 11 | 5.1818 | 1.1731 | 2.5000 | 7.0000 |
| 总体 | | | | | |
| 效率型得分 1 | 600 | 5.7279 | 1.7132 | 1.0000 | 9.5000 |
| 效率型得分 2 | 600 | 5.7233 | 1.6926 | 1.2500 | 9.5000 |

**表 4-6 我国创业板上市公司新颖型商业模式得分情况统计（分行业）**

| 行业 | 统计指标 | | | | |
|---|---|---|---|---|---|
| | 观测值 | 均值 | 标准差 | 最小值 | 最大值 |
| A（农业、渔业、畜牧业） | | | | | |
| 新颖型得分 1 | 8 | 4.6425 | 1.4870 | 2.5800 | 6.6600 |
| 新颖型得分 2 | 8 | 4.2363 | 1.3766 | 2.5800 | 6.7500 |
| B（开采辅助业） | | | | | |
| 新颖型得分 1 | 4 | 6.9775 | 2.0626 | 4.5800 | 9.2500 |
| 新颖型得分 2 | 4 | 6.7275 | 2.3280 | 3.8300 | 9.5000 |
| C1（纺织、食品、皮革） | | | | | |
| 新颖型得分 1 | 10 | 4.7480 | 1.5122 | 3.0800 | 7.3300 |
| 新颖型得分 2 | 10 | 4.3980 | 1.2573 | 3.0000 | 6.5800 |
| C2（医药、化学、橡胶） | | | | | |
| 新颖型得分 1 | 103 | 3.9568 | 1.9326 | 0.0000 | 9.4100 |
| 新颖型得分 2 | 103 | 4.1558 | 2.0274 | 0.2500 | 8.9100 |
| C3（电气、计算机、交通、金属、非金属、通用专用设备） | | | | | |
| 新颖型得分 1 | 273 | 5.3782 | 2.3264 | 0.5800 | 10.0000 |
| 新颖型得分 2 | 273 | 5.1941 | 2.3303 | 0.5000 | 10.0000 |

续表

| 行业 | 统计指标 | | | | |
|---|---|---|---|---|---|
| | 观测值 | 均值 | 标准差 | 最小值 | 最大值 |
| C4（仪器仪表） | | | | | |
| 新颖型得分 1 | 31 | 6.0542 | 2.4779 | 1.0000 | 10.0000 |
| 新颖型得分 2 | 31 | 6.1994 | 2.3348 | 1.2500 | 10.0000 |
| D（燃气、热力） | | | | | |
| 新颖型得分 1 | 2 | 5.6200 | 0.7637 | 5.0800 | 6.1600 |
| 新颖型得分 2 | 2 | 5.8700 | 0.2970 | 5.6600 | 6.0800 |
| E（土木工程、建筑） | | | | | |
| 新颖型得分 1 | 10 | 4.9470 | 2.6058 | 0.7500 | 8.0800 |
| 新颖型得分 2 | 10 | 4.9970 | 2.3758 | 1.0000 | 7.5000 |
| F（零售、批发） | | | | | |
| 新颖型得分 1 | 6 | 6.4700 | 1.6357 | 5.2500 | 9.0000 |
| 新颖型得分 2 | 6 | 6.2617 | 1.0973 | 5.0000 | 8.0000 |
| G（仓储业） | | | | | |
| 新颖型得分 1 | 3 | 6.5533 | 1.5491 | 4.8300 | 7.8300 |
| 新颖型得分 2 | 3 | 6.5533 | 0.7514 | 5.8300 | 7.3300 |
| I（互联网、软件和信息技术服务） | | | | | |
| 新颖型得分 1 | 113 | 6.6211 | 1.9309 | 2.6600 | 10.0000 |
| 新颖型得分 2 | 113 | 6.6255 | 1.9641 | 2.0000 | 10.0000 |
| L（租赁、商务服务） | | | | | |
| 新颖型得分 1 | 7 | 7.2471 | 2.2614 | 4.3300 | 10.0000 |
| 新颖型得分 2 | 7 | 6.9614 | 1.5503 | 4.5800 | 8.7500 |
| M（专业技术服务） | | | | | |
| 新颖型得分 1 | 9 | 4.7844 | 1.5908 | 2.5000 | 7.7500 |
| 新颖型得分 2 | 9 | 4.7011 | 2.0435 | 2.0000 | 8.2500 |

续表

| 行业 | 统计指标 | | | | |
|---|---|---|---|---|---|
| | 观测值 | 均值 | 标准差 | 最小值 | 最大值 |
| N（生态保护和环境治理） | | | | | |
| 新颖型得分1 | 7 | 5.6400 | 1.0193 | 4.0000 | 6.9100 |
| 新颖型得分2 | 7 | 5.2829 | 1.5772 | 3.0000 | 7.4100 |
| Q（卫生） | | | | | |
| 新颖型得分1 | 3 | 5.9967 | 0.8788 | 5.0000 | 6.6600 |
| 新颖型得分2 | 3 | 4.9133 | 1.3076 | 3.5000 | 6.0800 |
| R（文化传媒、新闻出版） | | | | | |
| 新颖型得分1 | 11 | 4.9000 | 2.0171 | 2.0000 | 8.6600 |
| 新颖型得分2 | 11 | 4.5591 | 2.1735 | 0.7500 | 7.9100 |
| 总体 | | | | | |
| 新颖型得分1 | 600 | 5.4142 | 2.2905 | 0.0000 | 10.0000 |
| 新颖型得分2 | 600 | 5.3392 | 2.2873 | 0.2500 | 10.0000 |

表4－5和表4－6的统计结果显示，创业板上市公司600家企业的效率型商业模式总体得分的均值为5.73和5.72，标准差为1.71和1.69；新颖型商业模式的总体得分均值为5.41和5.34，标准差为2.29和2.28。这说明新颖型商业模式的整体得分略低于效率型商业模式得分，但波动性略高于前者，即创业板上市公司在新颖型商业模式的特征方面表现出的差异更大。

分行业的统计结果显示，效率型商业模式评分中得分最高的行业为C1（纺织、食品、皮革），均值为6.83；最低的行业为D（燃气）和G（仓储），均值为4.5左右。其中，燃气行业平均评分较低的原因在于这一行业企业主要采用工程承包及综合服务的方式开展业务，且业务内容相对复杂，合同承包制和工期问题也严重影响了价格获取和快速交易两个项目的得分。仓储业平均评分较低的原因在于，这一行业在经过新技术的使用和业务升级后其经营范围得以大幅扩张，相应的业务的抽象程度也大大提升，如华鹏飞（股票代码：300350）的主营业务同时包含了物联网运营服务、综合物流服务、地理信息服务和供应链金融服务，其业务早已突破传统意义上的仓储服务，那么鉴于业务复杂性、前期信息平台投资建设所需大量支出等原因，对应的效率型商业模式评分项目得分也会相对较低。与上两个行业类似的情况还有行业 Q（卫生）和行业 C4（仪器仪表），前者因为医学诊断外包服务、合作共建等业务提供方式的容错率、价格获取和快速交易项目得分都相对较低，后者则由于大量应用智能化技术、物联网平台技术导致业务容错率下降、前期投资大量提升以及业务复杂程度显著提升，因此相关的效率型项目得分也会有所降低。

新颖型商业模式方面，平均得分最高的行业为 L（租赁和商务服务）均值达到 7.25 和 6.96；得分最低的行业为 C2（医药、化学、橡胶），均值仅有 4 分左右。值得注意的是与互联网关系密切的行业 I（互联网、软件和信息技术服务）的平均得分并非为最高，略低于行业 B（开采辅助业）和行业 L（租赁和商务服务）。出现上述现象的主要原因在于开采辅助业的企业开始大量使用新兴技术进行业务升级。如恒泰艾普（股票代码：300157）在巩固原有的油气勘探开发专业软件、工程作业技术服务的同时广泛进入高端仪器装备、能源大数据、云计算、供应链服务及投资管理平台等其他领域，其产业链、市场、客户等方面得以大幅拓展，与交易者之间建立连接的方式也得以丰富，相应的新颖型项目的得分水平也会大幅提高。此外，开采辅助业企业的国际化业务推进速度相对较快，如潜能恒信（股票代码：300191）的海外业务已延伸至蒙古、澳大利亚等其他国家，海外市场的开辟无疑有助于对应的新颖型评分项目的提高。租赁和商务服务业得分较高的原因在于该行业企业广泛应用大数据分析技术开展智能营销、数字营销业务，且部分企业拥有较为完整的全产业链服务体系，如华谊嘉信（股票代码：

300071）提供体验营销、数字营销、内容营销等业务的同时还承接公关广告服务；联建广电（股票代码：300269）则将自身的LED显示设备与数字营销和户外广告加以结合，在拓展原有业务的同时显著提升了企业的综合服务能力。鉴于信息时代企业对精准广告投放、内容设计和企业形象的重视逐渐加强，上述企业在吸引新进入者加入交易方面表现出了较强的潜力，因而新颖型商业模式得分会相对较高。

表4－5和表4－6的统计结果共同揭示出了一个现象：对于以“创新、创业”为主题的创业板企业而言，在当前新兴技术不断发展和人们消费习惯不断升级的外部环境下，传统行业和新兴行业的界限及行业属性差距正在变得模糊，以往以“成本领先”“差异化”的简单标签定义企业的方式也逐渐显现出缺陷。此时需要进一步明确的研究对象是企业在已有战略支持下的结构安排问题，即商业模式的特征、主题和倾向性。一方面，虽然从综合角度来看，大规模引入新技术和实施业务升级将有助于提升商业模式的新颖性，但产业链拓展、市场开发以及外部并购合作同样十分重要。另一方面，在企业之间的联系逐渐加强、企业组织边界逐渐拓展、外部交易参与者日趋丰富的发展态势下，成本节约的重要性已不仅仅局限于单一企业内部，如何帮助外部交易参与者节约成本、如何将自身的产品和服务以一种更为高效的方式提供给供应商及客户，如何保证其他经济主体可以无障碍地获取企业的相关信息，这同样会影响企业吸引和维系交易关系的能力。可以看出，效率型商业模式和新颖型商业模式本身并无优劣之分，两者均是企业为创造价值和提升市场竞争力而对自身交易结构所做出的一种安排和设计，将任意一种商业模式提升至优秀的水平均有助于企业开展外部交易活动并从中获益。

### 4.3.2 其他统计检验结果

鉴于 Zott 和 Amit（2007，2008）的研究重点关注了与互联网相关的创业型企业，本书将属于行业分类 I（互联网、软件和信息技术服务）和行业分类 C3 中“计算机、通信和其他电子设备制造业”的 198 家样本企业单独提出构成“互联网组”，其他企业则组成“传统行业组”。对两组企业的效率型、新颖型商业模式得分进行均值检验、中位数检验的结果如表 4－7 和表 4－8 所示。

**表 4－7 传统行业企业和互联网相关企业商业模式得分的均值检验结果**

| 变量 | 传统行业组 | | 互联网组 | | 差异 |
|---|---|---|---|---|---|
| | 企业数 | 均值 | 企业数 | 均值 | MeanDiff |
| 效率型得分 1 | 402 | 5.866 | 198 | 5.447 | 0.419*** |
| 效率型得分 2 | 402 | 5.940 | 198 | 5.284 | 0.656*** |
| 新颖型得分 1 | 402 | 5.021 | 198 | 6.213 | －1.193*** |
| 新颖型得分 2 | 402 | 4.962 | 198 | 6.106 | －1.144*** |

注：*、**、*** 分别代表结果在 10%、5% 和 1% 的水平上显著。

**表 4－8 传统行业企业和互联网相关企业商业模式得分的中位数检验结果**

| 变量 | 传统行业组 | | 互联网组 | | 差异 |
|---|---|---|---|---|---|
| | 企业数 | 中位数 | 企业数 | 中位数 | Chi2 |
| 效率型得分 1 | 402 | 6.000 | 198 | 5.500 | 5.124** |
| 效率型得分 2 | 402 | 6.000 | 198 | 5.250 | 6.537** |
| 新颖型得分 1 | 402 | 4.910 | 198 | 6.660 | 24.200*** |
| 新颖型得分 2 | 402 | 5.040 | 198 | 6.250 | 19.326*** |

注：*、**、*** 分别代表结果在 10%、5% 和 1% 的水平上显著。

表4－7和表4－8的统计结果显示，就整体而言互联网相关行业企业的新颖型商业模式得分要高于传统行业企业，而效率型商业模式得分则低于传统行业企业，其中新颖型得分的分差相对较大。由于两组之间表现出了一定程度的差异，可以根据需要将整体样本划分为传统行业组和互联网组并进行后期的实证研究，以考察不同类型商业模式的特征强化对分样本企业融资决策影响的差异性。

还有一个需要明确的问题就是：效率型商业模式和新颖型商业模式之间究竟是何种关系？两者是非此即彼或是可以相互替代的吗？在2007年发表于Organization Science的文章中，Zott和Amit（2007）认为就分类初衷而言，两者之间并不存在明显的替代关系和正交关系，即某一类商业模式的元素设计不会直接影响另一类商业模式的元素设计，这并不同于Miles和Snow（1978）所划分的“进攻型”“防御型”企业战略之间的严格互斥。其主要原因在于，商业模式的本质是一种安排或者结构，不同类型商业模式之间的差异主要在于要素的特征及倾向性而非本质属性上的差异。但在后期的论述中，Zott和Amit（2007）也指出通常情况下创业企业很难同时兼顾两种商业模式，主要原因有二：一是创业企业的资源是有限的，同时投资两种商业模式的必须要素会导致资源的次优配置；二是因为缺乏专注会在技术和组织层面引发一些问题并导致更高的成本，如企业可能会错过成为一个优秀的创新者或模仿者的机会。后期的实证检验也证实了这一论述，即在一定的效率型和新颖型商业模式得分水平下，进一步提升另一种商业模式的得分水平反而会导致企业的业绩下降。

从本书具体的评分实践来看，Zott和Amit（2007，2008）的商业模式评分体系本质上在部分项目的设置方面确实存在一定的互斥属性，例如，技术属性较高、能吸引诸多交易者参与、拥有广阔市场空间的业务如云计算、大数据服务等通常也同时具备容错率低、前期投资建设成本高导致经营弹性下降、业务抽象化提高导致客户理解能力和信息透明度下降等特征，而这些特征恰恰是拉低效率型商业模式评分的重要方面。加之单一企业所能掌握的关键资源通常是有限的，因此若要兼顾效率型和新颖型两类商业模式势必是一项难以完成的任务。本书对600家样本企业的效率型、新颖型两类商业模式的评分计算了皮尔逊相关系数（Pearson Correlation Coefficient），结果如表4-9所示。

**表4-9　样本企业效率型商业模式得分和新颖型商业模式得分的相关关系**

| 相关性 | 效率型得分1 | 相关性 | 效率型得分2 |
| --- | --- | --- | --- |
| 新颖型得分1 | -0.613*** | 新颖型得分2 | -0.561*** |

注：*、**、***分别代表结果在10%、5%和1%的水平上显著。

表4-9的统计结果显示，从整体层面来看，样本企业的效率型商业模式得分和新颖型商业模式得分之间存在显著的负相关关系（1%），这验证了前文的观点。虽然从理论分析、指标设计和统计意义的角度来看效率型商业模式和新颖型商业模式之间并不存在严格的替代关系，但通常情况下企业很难实现两种商业模式的兼顾。

# 第5章 商业模式类型对企业长期融资决策的影响

本章的主要的目的是考察不同商业模式类型的倾向性对我国创业板上市公司资本结构调整决策的影响。具体研究内容为实证检验商业模式倾向性得分与实际资本结构偏离目标资本结构的程度之间的关系，债务融资成本、无形资产规模的调节作用以及上述相关关系在不同融资约束水平下是否具有差异。随后，还检验了不同商业模式倾向性得分水平下资本结构调整速度的差异。

## 5.1　理论分析与研究假设

### 5.1.1　不同商业模式倾向性水平与资本结构偏离度之间的关系

目标资本结构是可以使资本成本最小化、企业价值最大化的股权债权安排，其受特定公司一系列经济因素的影响，在一定的时间范围内具有相对稳定性。持续地向上偏离目标资本结构意味着杠杆使用过度，会引发财务风险增加、投资不足等问题（Kraus 和 Litzenberger，1973；Myers，1977），而持续地向下偏离目标资本结构意味着杠杆使用不足，会造成丧失税盾收益、增加债权人代理成本、产生自由现金流并引发过度投资问题等不良后果（Modigliani 和 Miller，1963；Jensen，1986）。因此，企业在实际经营过程中会主动将企业未来的资本结构向目标资本结构调整（Lòòf，2004；

Flannery 和 Rangan，2006；Byoun，2008）。但由于调整成本的存在，企业在实际资本结构偏离目标资本结构时往往不能迅速而完全地实施资本结构的调整行为（Flannery 和 Rangan，2006；Faulkender，2008；Cook 和 Tang，2010），由此产生的结果就是实际资本结构与目标资本结构之间存在偏差。也就是说，资本结构偏差的存在是企业管理层在权衡资本结构调整的收益与成本之后所做出的一种资本结构安排。当然，实际资本结构偏离目标资本结构也有可能是管理层有意为之的结果，如在产品市场竞争中为了对抗高杠杆的竞争对手而采用低杠杆的策略，这无疑会使资本结构偏离度相对较大（La Rocca，2011）。现金持有策略也是影响企业资本结构偏离度和调整速度的因素之一，Byoun（2008）的研究显示，当企业财务杠杆较高但现金持有量不足以及财务杠杆较低但现今持有量过度的时候，企业一般不会调整资本结构，或者调整速度较慢。

在战略管理理论的研究视角下，商业模式的设计初衷是在既有战略目标的指引下对内部的各项经济要素加以确认、整合并将之与外部各项环境要素相连接，从而构成一条完整的商业逻辑和价值循环体系（Wirtz 等，2016）。这意味着企业在实际设计和执行商业模式的过程中首先要明确战略定位并选择适合的商业模式类型，之后需要处理好企业掌握的各项内部资源和外部合作关系，明晰运营流程，掌控价值的生产和传递方式（Teece，2010，2018）。商业模式的类型和倾向性作为企业构建整体经营逻辑的主导因素（Zott 和 Amit，2007，2008），其倾向直接决定了企业内部资源的配置方式，而各项资源的获取又需要相应的资金作为支撑，这就对企业融资方式的选择与资本结构管理产生了重要影响。以“新颖”为中心的商业模式所追求的是交易结构和交易内容的新颖程度，其对产品、业务的价值含量与创新水平以及交易方式的网络化能力和市场潜力具有较高的要求，往往需要投入大量的资金用于产品开发、技术升级和市场维护，用以吸引新的交易伙伴并扩展经营空间，这种条件下企业对于外部融资的需求相对较大。但在具体进行融资活动时，由于创新活动往往面临较高的风险和不确定性（Manso，2011），以“新颖型”商业模式为导向的企业在进行外部融资时需要考虑经营风险与财务风险之间的关联问题，并仔细审视由负债融资所带来的优点和缺陷：第一，企业要尽可能地利用税盾效应增加企业价值，这是由于新颖型商业模式主导下企业在拓展新业务和新市场的过程中往往需要忍耐较长时间的业务成长期和初期亏损，这会对企业形成较大的业绩压力，特别是在我国创业板上市公司“三年连续亏损直接退市”的规定下，新颖型商业模式的企业需要尽可能利用利息抵税的优势减少利益流出；第二，企业需要对由负债融资所带来的破产风险加以警觉，由于负债到期后具有刚性兑付的属性，以新颖型商业模式为主导的企业需要考虑在投入大量资本对交易结构进行升级后企业是否具备足够的资金用以归还负债，而新业务或新市场的拓展初期通常很难为企业带来稳定而充足的现金流，因此采用新颖型商业模式的企业更容易受到破产风险的限制而谨慎使用负债融资。上述两个方面刚好对应了权衡理论的主要观点，也揭示出以新颖型商业模式为主导的企业有充足的动力追逐目标资本结构，在最大限度地追求税盾收益的同时谨防破产风险的出现，这就意味着其实际资本结构向下和向上偏离目标资本结构的程度均相对较小。

而以追求“效率”为中心的商业模式则表现出了截然相反的特征，与高附加值、高技术含量的产品相比，“效率型”商业模式追求企业产品结构的简单易管理以及企业价值传递过程的优化，包括内部运营效率的提升、成本费用的控制以及企业信息透明度的优化等。这一倾向使得以“效率型”商业模式为导向的企业具有更优秀的资金节约能力和更强的经营稳定性，其在资金缺口相对较小的同时也更容易获取外部融资支持，因而有能力将资本结构维持在一个相对较低的水平。这会为企业带来两方面的优势：第一，保持一个相对较低的杠杆水平可以有效抵抗竞争对手的掠夺并降低陷入财务困境的风险，这样企业可以在产品市场竞争中通过低杠杆策略维持较长时间的低价格和高产量并将竞争对手驱逐出市场，从而有助于在细分市场中占据优势地位（La Rocca，2011）；第二，保持较高的财务弹性可以给以效率型商业模式为主导的企业更多调整的空间，其可以有效配合企业战略（孔宁宁等，2010），或是将资金投入可以改善企业经营业绩的价值流转环节（姜付秀等，2008），因此企业没有必要刻意追求目标资本结构。另外，由于效率型商业模式节约资金的能力相对较强，企业在维持低杠杆的同时也往往持有一定数量的现金，此时再通过提高负债的方式进一步获取资金无异于浪费资源（Byoun，2008），那么以效率型商业模式为主导的企业自然也就没有动力将实际资本结构调整至目标水平。而在实际杠杆水平高于目标杠杆水平时，以效率型商业模式为主导的企业同样可能不会调整资本结构，其原因在于以下两点：首先，资产负债率的提高可能是企业选择进攻型战略的结果，在效率型商业模式下企业较高的资金节约能力和现金流生产能力可以提升偿债能力并支撑其完成该项战略，此时没有必要为调整资本结构至目标水平而放弃既定战略。其次，根据信号理论（Ross，1977）和自由现金流理论（Jensen，1986），使用高负债可以向市场传递信号并缓解由自由现金流所引发的代理问题，而以效率型商业模式为主导的企业具备自由现金流充裕、破产风险相对较小的特征，此时较为理性的选择就是维持较高水平的负债，在对管理层形成硬性约束的同时向市场传递企业具备较高质量的信号。综上所述，无论是在实际杠杆水平偏低还是偏高的情况下，以效率型商业模式为主导的企业都没有充足的动力将实际资本结构调整至目标水平。据此本书提出如下研究假设：

假设5-1：效率型商业模式倾向性水平与资本结构偏离程度正相关。

假设 5－2：新颖型商业模式倾向性水平与资本结构偏离程度负相关。

### 5.1.2　债务融资成本对新颖型商业模式倾向性水平与资本结构偏离度之间关系的调节作用

尽管有研究显示我国上市公司存在股权融资的偏好（肖泽忠和邹宏，2008），但从整体层面来看，依然是以银行贷款为主要方式的债权融资在我国的金融资本配置体系中占据主导地位，并促成了我国经济的高速增长（张军和金煜，2005；林毅夫等，2009；Ayyagari 等，2010；张杰等，2013）。股权融资市场相对于债权融资市场存在较大摩擦的主要原因在于资本市场本身发展的相对滞后和不完善以及再融资门槛等多项管制机制的限制（王正位等，2007）。在这种条件下，以新颖型商业模式为主导的企业很难赢得融资空间，其主要原因在于追求新颖型商业模式的企业通常需要从零开始培养一个新兴领域或新兴市场业务的增长，而这些为企业带来新的交易关系的新业务往往很难在一个较短的时间内实现高水平盈利，特别是以网络连接为基础的业务如大数据服务、物联网等是一个累积优势逐步兑现的过程，在业务开展早期通常只能通过亏损的方式渡过成长阶段。这样，在难以满足我国资本市场再融资条件的情况下，以新颖型商业模式为主导的企业会更多地依赖于银行贷款等债权融资，其资本结构调整成本也会在较大程度上与债务融资成本相关。同时由于以新颖型商业模式为主导的企业为改进和升级交易结构所需要投入的资金量相对较大，其对债务融资成本的变化会较为敏感，一旦债务融资成本上升则意味着调整成本的同步提高，这样采用新颖型商业模式的企业将实际资本结构调整至目标资本结构的能力和意愿都会显著降低，最终结果就是企业实际资本结构偏离目标资本结构的水平显著上升。综上所述，本书提出假设 5－3：

假设 5－3：债务融资成本反向调节新颖型商业模式倾向性水

平与资本结构偏离程度之间的关系。

### 5.1.3 无形资产比重对效率型商业模式倾向性水平与资本结构偏离度之间关系的调节作用

无形资产是指企业所拥有或控制的不具有实物状态的可辨认非货币性资产，主要包括各项使用权（土地使用权、特许使用权等）、技术（专利权、专有技术）等。由于不具备实体形态且产权界定较有形资产和金融资产而言相对较难，无形资产的确认和信息披露均存在较大的主观性和可操纵性。除此之外，无形资产通常与企业的创新活动相连接而在经济产出方面存在较大的不确定性，而缺乏活跃交易市场的特征也使得通过市场化途径确认其真实价值的难度显著提升（茅宁，2001）。因此，当企业的无形资产规模相对较大时，会对银行等外部资本提供者造成较高的评估难度，使其无法科学而有效地判断企业未来的价值水平，从而在对企业进行贷款支持时采用相对保守的方案。本书认为在效率型商业模式企业整体上具备较高的信息透明度和业务可理解性的情况下，无形资产比重的提升将成为债权人在评判企业偿债能力时需要重点考虑的不确定因素，并对其债务融资的获取产生一定的不利影响，这种情况下企业实际资本结构偏离目标资本结构的程度会被进一步放大。据此，本书提出假设5-4：

假设5-4：无形资产比重正向调节效率型商业模式倾向性水平与资本结构偏离程度之间的关系。

## 5.2 研究设计

### 5.2.1 样本选取与数据来源

如前文所述，本书的研究样本为2018年我国创业板上市公司，在剔除上市时间不足三个报告期以及在研究期间退市的企业之后，共得到了 600 个样本。在计算相关指标所需要的数据方面，两种商业模式类型倾向性评分所依据的相关资料包括 IPO 招股说明书、最新年度报告（2018 年）、分析师研究报告以及企业主页信息，可于和讯网（http：//www. hexun. com/）进行直接下载或查询，其他财务指标或基础数据来自国泰安（CSMAR）数据库。

### 5.2.2　变量选取与回归模型构建

本书借鉴 Flannery 和 Rangan（2006）、Byoun（2008）、姜付秀和黄继承（2013）的研究方法，采用如下模型的回归拟合值来衡量企业的目标资本结构：

$$LEV_{i,t}^{*} = \alpha + \beta \times X_{i,t-1} + \varepsilon \tag{5-1}$$

公式（5－1）中，$LEV_{i,t}^{*}$为企业第 t 年的目标资本结构，其主要由一系列因素$X_{i,t-1}$决定，具体包括企业规模、盈利能力、有形资产水平、成长机会、非债务税盾以及负债率行业中位数等。ε 为非观测效应。在计算出目标资本结构之后，可以进一步计算实际资本结构与目标资本结构之间的差额：

$$DIS_{i,t} = | LEV_{i,t} - LEV_{i,t}^{*} | \tag{5-2}$$

公式（5－2）中，$LEV_{i,t}$为企业第 t 年的实际资产负债率，用其减去目标资产负债表率$LEV_{i,t}^{*}$的差额取绝对值之后，可得到第 t 年实际资本结构与目标资本结构之间的偏差值$DIS_{i,t}$，即为本书研究的被解释变量。

得到资本结构偏差值$DIS_{i,t}$后，可构建以其为被解释变量，以商业模式倾向性得分水平为解释变量的回归模型：

$$DIS_{i,t} = \alpha + \beta_1 \times BM_{i,t} + \beta_2 \times control\ variables_{i,t} + industry + \varepsilon$$

（模型 5－1）

模型 5－1 中，$BM_{i,t}$为企业 i 在第 t 年的商业模式（Business Model）倾向性得分，包括效率型商业模式倾向性得分和新颖型商业模式倾向性得分两种。Control $variables_{i,t}$为可能影响资本结构偏离程度的一系列变量，根据 Flannery 和 Rangan（2006）、Byoun（2008）、姜付秀和黄继承（2013）等学者的研究，本书选取了企业规模、盈利能力、有形资产水平、成长机会和非债务税盾，除此之外，还设置了行业虚拟变量 industry 用以控制行业效应。需要重点关注的是模型 5－1 中的回归系数$\beta_1$，按照本书的研究假设，当以资本结构偏离度$DIS_{i,t}$作为因变量，效率型商业模式水平作为自变量时，$\beta_1$应为显著正，反之以新颖型商业模式水平作为自变量时$\beta_1$应显著为负。在模型 5－1 的基础上，可进一步加入债务融资成本（interest cost）与新颖型商业模式倾向性得分（novelty）的交互项用以检验假设 5－3，如下所示：

$$DIS_{i,t} = \alpha + \beta_1 \times novelty_{i,t} + \beta_2 \times interest\ cost_{i,t} + \beta_3 \times novelty_{i,t} \times interest\ cost_{i,t} + \beta_4 \times control\ variables_{i,t} + industry + \varepsilon \quad （模型 5－2）$$

模型 5－2 为加入了债务融资成本$interest\ cost_{i,t}$，以及债务融资成本与新颖型商业模式倾向性得分$novelty_{i,t}$的交互项$novelty_{i,t} \times interest\ cost_{i,t}$之后构成的回归模型。此时需要重点关注的回归系数变为交互项$novelty_{i,t} \times interest\ cost_{i,t}$的回归系数$\beta_3$，按照假设 5－3 的逻辑，当债务融资成本上升时以新颖型商业模式为主导的企业的资本结构调整成本会显著上升，因此其将实际资本结构调整至目标资本结构的能力和意愿都会显著降低，资本结构偏离度会增加。如果上述假设成立，则回归系数$\beta_3$应显著为正。

$$DIS_{i,t} = \alpha + \beta_1 \times efficiency_{i,t} + \beta_2 \times intangible_{i,t} + \beta_3 \times efficiency_{i,t} \times intangible_{i,t} + \beta_4 \times control\ variables_{i,t} + industry + \varepsilon \quad （模型 5－3）$$

模型 5－3 为加入了无形资产比重$intangible_{i,t}$，以及无形资产比重与效率型商业模式倾向性得分$efficiency_{i,t}$的交互项$efficiency_{i,t} \times intangible_{i,t}$之后构成的回归模型。此时需要重点关注的回归系数变为交互项$efficiency_{i,t} \times intangible_{i,t}$的回归系数$\beta_3$，当假设 5－4 成立时，无形资产比重上升会对效率型商业模式为主导的企业利用债务融资调整资本结构产生不利影响，资本结构偏离度会进一步增加，因此回归系数$\beta_3$预计显著为正。

被解释变量、解释变量和控制变量的名称及具体计算方式如表 5－1 所示。

**表 5－1　被解释变量、解释变量和控制变量的名称和计算方式一览表**

| 变量性质 | 变量名称 | 变量表示 | 变量计算方法 |
|---|---|---|---|
| 被解释变量 | 资本结构偏离程度 | DIS | 详见上文 |
| 解释变量 | 商业模式倾向性得分 | efficiency，novelty | 详见第四章 |
| 解释变量 | 债务融资成本 | interest cost | 利息支出/(短期借款＋长期借款) |
| 解释变量 | 无形资产比重 | intangible | 无形资产/总资产 |
| 控制变量 | 企业规模 | size | 总资产的自然对数 |
| 控制变量 | 盈利能力 | roa | 净利润/总资产 |
| 控制变量 | 有形资产比率 | tangible | (存货＋固定资产)/总资产 |
| 控制变量 | 成长机会 | tobin q | (企业市值＋负债合计)/总资产 |
| 控制变量 | 非债务税盾 | tax shield | 固定资产折旧/总资产 |
| 控制变量 | 行业效应 | industry | 虚拟变量，当前行业取 1，否则取 0 |

## 5.3　实证研究结果

### 5.3.1　样本的描述性统计

被解释变量、解释变量和控制变量的描述性统计结果如表5－2 所示。

表 5 - 2　　样本的描述性统计

| 变量名 | 样本数 | 均值 | 标准差 | 最小值 | 最大值 |
|---|---|---|---|---|---|
| DIS | 600 | 0. 1224 | 0. 1092 | 0. 0001 | 1. 2156 |
| efficiency | 600 | 5. 7279 | 1. 7132 | 1. 0000 | 9. 5000 |
| novelty | 600 | 5. 4142 | 2. 2905 | 0. 0000 | 10. 0000 |
| interest cost | 600 | 0. 1562 | 2. 0504 | 0. 0000 | 49. 9901 |
| intangible | 600 | 0. 0422 | 0. 0436 | 0. 0000 | 0. 4638 |
| size | 600 | 21. 6270 | 0. 8624 | 19. 0072 | 24. 7609 |
| roa | 600 | -0. 0052 | 0. 1858 | -1. 6290 | 0. 3789 |
| tangible | 600 | 0. 2668 | 0. 1432 | 0. 0019 | 0. 6964 |
| tobin q | 600 | 1. 7284 | 0. 7389 | 0. 8109 | 9. 0593 |
| tax shield | 600 | 0. 0150 | 0. 0122 | 0. 0005 | 0. 0920 |

表 5 - 2 的统计结果显示，我国创业板上市公司实际资本结构与目标资本结构的平均差值为 0. 12，考虑到样本企业的平均资产负债率为 0. 37，这一偏差达到了将近 1/3 的水平。债务融资成本方面，interest cost 的平均值为 0. 16，远高于 6%—7% 的贷款平均利率，这说明我国创业板上市公司的债务资金使用成本是相对较高的。无形资产比重 intangible 的平均值为 0. 04，但最大值高达 0. 46。盈利能力指标 roa 显示了一个较为悲观的情况，-0. 52% 的平均资产回报率意味着我国创业板上市公司在 2018 年的经营整体上呈现亏损状态，其中最差的企业已然资不抵亏（roa 最小值 -1. 63）。总体上各个变量最大值与最小值之间的差异以及波动性都在可以接受的范围之内，有助于开展后期的回归分析，但需要注意的是个别变量的最大值明显超出了正常企业经营的范畴从而可能影响到回归结果（如 interest cost 的最大值达到了近 50，笔者认为可能是由于企业在当期大幅偿还负债所致），因此在后期进行回归分析时有必要对相关变量进行缩尾处理。

### 5.3.2　不同商业模式类型倾向性得分与资本结构偏离度的回归结果

为检验假设 5－1 和假设 5－2，本书对前期构建的以资本结构偏离度 DIS 为被解释变量、效率型和新颖型商业模式倾向性得分 efficiency 和 novelty 为解释变量的模型 5－1 进行 OLS 回归分析，结果如表 5－3 所示。为排除极端值的影响，除商业模式倾向性得分外的所有连续变量均进行了 1% 的缩尾处理（Winsorize）（下同，不再赘述）。

**表 5－3　　商业模式倾向性水平与资本结构偏离度**

| 变量 | 因变量：DIS | | | | | |
|---|---|---|---|---|---|---|
| | 全样本 | | 传统行业组 | | 互联网组 | |
| | (1) | (2) | (3) | (4) | (5) | (6) |
| efficiency | 0.0055* | | 0.0056 | | 0.0045 | |
| | (1.8690) | | (1.5289) | | (0.8758) | |
| novelty | | −0.0056** | | −0.0092*** | | 0.0006 |
| | | (−2.4307) | | (−3.3041) | | (0.1459) |
| size | 0.0070 | 0.0106* | 0.0145** | 0.0208*** | −0.0084 | −0.0104 |
| | (1.1956) | (1.7142) | (2.0503) | (2.8419) | (−0.7803) | (−0.9073) |
| roa | −0.2311*** | −0.2288*** | −0.2586*** | −0.2594*** | −0.1879*** | −0.1872*** |
| | (−7.9203) | (−7.8928) | (−7.1049) | (−7.2791) | (−3.7821) | (−3.7597) |
| tangible | −0.0850* | −0.1017** | −0.0645 | −0.0921* | −0.1169 | −0.1135 |
| | (−1.8414) | (−2.1841) | (−1.2271) | (−1.7500) | (−1.2349) | (−1.1872) |
| tobin q | 0.0071 | 0.0078 | 0.0064 | 0.0078 | 0.0074 | 0.0076 |
| | (0.9602) | (1.0484) | (0.7191) | (0.8903) | (0.5405) | (0.5513) |
| tax shield | −0.1558 | −0.1030 | −0.8567 | −0.9799 | 1.1352 | 1.4021 |
| | (−0.2780) | (−0.1867) | (−1.2391) | (−1.4381) | (1.1443) | (1.4596) |

续表

| 变量 | 因变量：DIS | | | | | |
|---|---|---|---|---|---|---|
| | 全样本 | | 传统行业组 | | 互联网组 | |
| | (1) | (2) | (3) | (4) | (5) | (6) |
| constant | 0.0154 | -0.0007 | -0.1336 | -0.1809 | 0.2675 | 0.3296 |
| | (0.1040) | (-0.0048) | (-0.7648) | (-1.0636) | (1.0810) | (1.3219) |
| industry | control | control | control | control | control | control |
| Observations | 600 | 600 | 402 | 402 | 198 | 198 |
| F | 2.5151 | 2.5751 | 2.0989 | 2.3271 | 3.5312 | 3.4429 |
| R - squared | 0.1831 | 0.1866 | 0.2220 | 0.2404 | 0.1588 | 0.1555 |

注：*、**、*** 分别表示在10%、5%和1%的水平上显著，括号内为t值。传统行业组和互联网组分样本的划分方法在第四章中已经进行了详细说明，在此不再赘述，下同。

表5-3中，列（1）和列（2）是全样本回归结果。可以看出解释变量efficiency的回归系数显著为正，显著性水平为10%，解释变量novelty的回归系数显著为负，显著性水平为5%。这说明随着效率型商业模式典型程度的提升，企业实际资本结构与目标资本结构之间的偏离程度会显著增加，假设5-1得到验证；新颖型商业模式则刚好相反，企业新颖型商业模式倾向性水平提升会导致实际资本结构偏离目标资本结构的程度显著减少，从而支持了假设5-2。控制变量的显著性方面，资产回报率roa与资本结构偏离度DIS显著负相关，显著性水平为1%，说明盈利能力的提升可以显著降低实际资本结构与目标资本结构之间的偏离程度。此外，有形资产比率tangible的回归系数同样显著为负，这表明可用作抵押的资产数量的增加同样有助于降低实际资本结构与目标资本结构之间的偏差。本书认为，盈利能力和有形资产占比回归系数的方向和显著性可以用调整成本加以解释：盈利能力越强则企业可用作留存收益的资金越多，也更容易向投资者传递企业经营状况较好的信号，

因而有助于企业以较低的成本进行融资，资本结构调整成本也会相对较低；而有形资产规模的提升可以通过抵押品效应扩大企业的融资能力和负债空间，同时有助于企业以相对较低的成本获取银行的贷款支持，这也会显著降低企业的资本结构调整成本。这样当企业的资本结构调整成本相对较低时，企业将实际资本结构调整至目标资本结构的能力和意愿都会显著提高。列（3）和列（4）是传统行业子样本的回归结果，解释变量 efficiency 和 novelty 的回归系数方向与主样本是一致的，但 efficiency 回归系数的显著性消失（p 值为 0.127，接近 10% 的显著性水平）。值得注意的是，传统行业组回归结果中新颖型商业模式倾向性水平 novelty 的回归系数无论是绝对值还是显著性水平都要高于全样本，这说明传统行业企业在实际设计新颖型商业模式的过程中更加注重权衡负债融资的利弊并追求目标资本结构。列（5）和列（6）是互联网相关行业子样本的回归结果，其中 efficiency 回归系数的方向与全样本和传统行业组一致，但并不显著；novelty 的回归系数为正，但绝对值相对较小，且不具备显著性。这说明在互联网相关行业的企业中，商业模式倾向性水平的变化对资本结构偏离程度的影响相对较小。

### 5.3.3　债务融资成本对新颖型商业模式倾向性水平与资本结构偏离程度之间关系的调节效应

为检验假设 5－3，本书对以资本结构偏离度 DIS 为被解释变量、新颖型商业模式倾向性得分 novelty 为解释变量、债务融资成本 interest cost 为调节变量的模型 5－2 进行 OLS 回归分析，结果如表 5－4 所示。

表 5－4 显示，全样本的回归结果中交互项 novelty × interest cost 的回归系数显著为正，显著性水平为 10%，而 novelty 本身的回归系数显著为负，显著性水平为 1%，两者是相反的。这说明随着债务融资成本提升，新颖型商业模式倾向性水平与资本结构偏离

**表 5－4　　新颖型商业模式倾向性、债务融资成本与资本结构偏离度**

| 变量 | 因变量：DIS | | |
|---|---|---|---|
| | 全样本 | 传统行业组 | 互联网组 |
| | (7) | (8) | (9) |
| novelty | －0.0075 *** | －0.0090 *** | －0.0027 |
| | (－2.9342) | (－2.7917) | (－0.6044) |
| interest cost | －0.1516 | 0.0119 | －0.2737 * |
| | (－1.4992) | (0.0893) | (－1.6626) |
| novelty × interest cost | 0.0299 * | －0.0046 | 0.0555 ** |
| | (1.7350) | (－0.1843) | (2.1424) |
| size | 0.0102 | 0.0210 *** | －0.0127 |
| | (1.6384) | (2.8371) | (－1.0862) |
| roa | －0.2317 *** | －0.2597 *** | －0.1940 *** |
| | (－7.9048) | (－7.2349) | (－3.8285) |
| tangible | －0.0994 ** | －0.0930 * | －0.1042 |
| | (－2.1323) | (－1.7582) | (－1.0956) |
| tobin q | 0.0081 | 0.0076 | 0.0055 |
| | (1.0974) | (0.8590) | (0.4009) |
| tax shield | －0.1105 | －0.9619 | 1.3422 |
| | (－0.1996) | (－1.3935) | (1.4080) |
| constant | 0.0156 | －0.1861 | 0.3980 |
| | (0.1045) | (－1.0830) | (1.5690) |
| industry | control | control | control |
| Observations | 600 | 402 | 198 |
| F | 2.5387 | 2.2233 | 3.3456 |
| R－squared | 0.1911 | 0.2405 | 0.1783 |

注：*、**、*** 分别表示在 10%、5% 和 1% 的水平上显著，括号内为 t 值。

度之间的负相关关系得到了一定程度的缓解，假设 5 – 3 得到验证。传统行业组企业样本的回归结果中交互项 novelty × interest cost 的回归系数为负，但绝对值较小且不显著。本书认为可能的原因在于传统行业企业依托以往的行业特征通常具备一定规模的有形资产作为抵押品，其债务融资能力相对较强，因此对债务融资成本变化的敏感程度并不高，这一点从有形资产比率 tangible 的回归系数显著为负可以看出一些端倪。互联网组企业样本的回归结果中交互项 novelty × interest cost 的回归系数显著为正（显著性水平为 5%），且绝对值和显著性水平均高于全样本。这说明互联网行业企业在调整资本结构时对债务融资成本的变化非常敏感，即便互联网企业在推进新颖型商业模式的设计和安排时希望将实际资本结构保持在目标资本结构附近，但高额的债务融资成本会使其放弃这一计划并最终导致资本结构偏离程度的提升。

### 5.3.4　无形资产比重对效率型商业模式倾向性水平与资本结构偏离程度之间关系的调节效应

为检验假设 5 – 4，本书对以资本结构偏离度 DIS 为被解释变量、效率型商业模式倾向性得分 efficiency 为解释变量、无形资产比重 intangible 为调节变量的模型 5 – 3 进行 OLS 回归分析，结果如表5 – 5 所示。

表 5 – 5 显示，全样本的回归结果中交互项 efficiency × intangible 的回归系数显著为正，显著性水平为 5%，而 efficiency 本身的回归系数显著为正，显著性水平为 5%，两者系数符号相同。这说明随着无形资产比重提升，效率型商业模式倾向性水平与资本结构偏离度之间的正相关关系得到了进一步强化，假设 5 – 4 得到验证。分组回归结果显示上述调节效应在互联网行业企业中更加明显，可能的原因与前文中对表 5 – 4 回归结果的分析类似，在此不再赘述。

**表 5－5　效率型商业模式倾向性、无形资产比重与资本结构偏离度**

| 变量 | 因变量：DIS | | |
|---|---|---|---|
| | 全样本 | 传统行业组 | 互联网组 |
| | (10) | (11) | (12) |
| efficiency | 0.0061** | 0.0055 | 0.0122*** |
| | (2.1292) | (1.5175) | (2.6216) |
| intangible | 0.5607*** | 0.2921** | 1.7818*** |
| | (4.3933) | (2.0268) | (6.5927) |
| efficiency × intangible | 0.1618** | －0.0022 | 0.4667*** |
| | (2.2406) | (－0.0245) | (4.0885) |
| size | 0.0056 | 0.0140** | －0.0187* |
| | (0.9706) | (1.9882) | (－1.9334) |
| roa | －0.2185*** | －0.2517*** | －0.1214*** |
| | (－7.5932) | (－6.8978) | (－2.7048) |
| tangible | －0.0838* | －0.0589 | －0.0799 |
| | (－1.8400) | (－1.1173) | (－0.9470) |
| tobin q | 0.0073 | 0.0073 | －0.0085 |
| | (1.0069) | (0.8320) | (－0.6924) |
| tax shield | －0.2891 | －0.9278 | 0.5097 |
| | (－0.5246) | (－1.3438) | (0.5774) |
| constant | 0.0652 | －0.1042 | 0.5598** |
| | (0.4574) | (－0.6141) | (2.5615) |
| industry | control | control | control |
| Observations | 600 | 402 | 198 |
| F | 2.9565 | 2.1098 | 8.2651 |
| R－squared | 0.2158 | 0.2311 | 0.3490 |

注：*、**、*** 分别表示在 10%、5% 和 1% 的水平上显著，括号内为 t 值。由于直接将交互项 efficiency × intangible 放入回归模型会导致方差膨胀因子（VIF）大于 10 从而引发多重共线性，本书将变量 efficiency 和 intangible 先进行中心化处理后再构建交互项。完成该处理后关键回归项的方差膨胀因子均已小于 5，多重共线问题得到解决。

# 5.4　进一步研究

## 5.4.1　考虑融资约束的影响

如前文所述，由于我国资本市场对创业板上市公司的再融资行为存在盈利能力方面的限制，这对于样本时期内平均意义上处于亏损状态的创业板企业而言并非可以轻易达到的要求。而债权融资方面我国商业银行对企业贷款时普遍存在“所有制歧视”和“规模歧视”的现象（张杰等，2013），考虑到样本企业中 94% 为非国有企业，同时创业板上市公司普遍规模较小的现状，可以认为本书研究样本处在“信贷歧视”的对象之中。那么，有关融资约束的问题就应该纳入本书的研究框架。但有关融资约束对资本结构调整的影响，以往研究并未达成一致结论，融资约束既可能阻碍资本结构的调整过程，也可能并未对资本结构调整速度产生影响（Drobetz 和 Wanzenried，2006；Faulkender，2008；Cook 和 Tang，2010）。本书认为，融资约束程度较高的情况下不同商业模式类型的企业在资本结构管理方面可能会采取不同的策略：对于以效率型商业模式为主导的企业而言，融资约束水平较高意味着再融资的难度加大、成本提升，此时企业持有现金并避免融资是较为合理的选择，这会导致企业放弃资本结构调整并继续维持现有的杠杆水平。而对于以新颖型商业模式为主导的企业而言，融资约束水平提升可能存在两方面的影响：一是融资成本提高导致企业资本结构调整成本提高，这样企业会放弃将实际资本结构调整至目标资本结构附近，最终导致资本结构偏离度上升；二是融资约束导致企业被动地提升对现有资金以及资本结构的管理和规划水平，以避免在未来大幅调整资本结构导致融资困难或付出大量成本，这种情况下企业实际资本结构偏离目标资本结构的程度反而会变小。由此看来，有关不同融资约束水平下的商业模式倾向性与资本结构偏离程度的关系仍是一个有待实证检验的命题。

为了检验上述命题，本书构建了不同融资约束水平下的研究情境。在具体度量融资约束水平方面，本书借鉴了 Hadlock 和 Pierce（2010）的方法，采用 SA 指数加以衡量，具体计算公式如下：

$$SA_{i,t} = -0.737 \times Size_{i,t} + 0.043 \times Size_{i,t}^{2} - 0.040 \times Age_{i,t}^{2} \quad (5-3)$$

公式（5-3）中，$Size_{i,t}$为公司 i 在第 t 年的企业规模，取值方式为总资产的自然对数；$Age_{i,t}$为企业年龄，计算方式为（样本年份-上市年份+1）。SA 指数即为企业所受到的融资约束程度，其值越大则融资约束越强。本书以 SA 指数的中位数为基准对全部 600 家研究样本进行分组，以考察不同融资约束水平下商业模式倾向性对资本结构偏离度的影响，回归结果如表 5-6 所示。

**表 5-6　不同融资约束水平下商业模式倾向性与资本结构偏离度之间的关系**

| 变量 | 因变量：DIS | | | |
|---|---|---|---|---|
| | SA < 中位数 | | SA > = 中位数 | |
| | (13) | (14) | (15) | (16) |
| efficiency | 0.0020 | | 0.0079* | |
| | (0.4983) | | (1.7825) | |
| novelty | | -0.0051 | | -0.0073** |
| | | (-1.5651) | | (-2.1660) |
| size | 0.0101 | 0.0154 | 0.0030 | 0.0066 |
| | (1.0871) | (1.5523) | (0.3704) | (0.7732) |
| roa | -0.2062*** | -0.2041*** | -0.2987*** | -0.3020*** |
| | (-5.4824) | (-5.4831) | (-6.0902) | (-6.1729) |

续表

| 变量 | 因变量：DIS | | | |
|---|---|---|---|---|
| | SA < 中位数 | | SA > = 中位数 | |
| | (13) | (14) | (15) | (16) |
| tangible | -0.1510** | -0.1681** | -0.0027 | -0.0187 |
| | (-2.1802) | (-2.4245) | (-0.0410) | (-0.2853) |
| tobin q | -0.0003 | -0.0001 | 0.0222* | 0.0258** |
| | (-0.0271) | (-0.0035) | (1.8508) | (2.1500) |
| tax shield | 0.5668 | 0.4742 | -0.4580 | -0.2909 |
| | (0.7150) | (0.6129) | (-0.5249) | (-0.3391) |
| constant | 0.0381 | -0.0299 | -0.0536 | -0.0590 |
| | (0.1708) | (-0.1331) | (-0.2422) | (-0.2700) |
| industry | control | control | control | control |
| Observations | 300 | 300 | 300 | 300 |
| F | 1.8338 | 1.9030 | 2.5234 | 2.5754 |
| R - squared | 0.2257 | 0.2322 | 0.2804 | 0.2846 |

注：*、**、*** 分别表示在 10%、5% 和 1% 的水平上显著，括号内为 t 值。

表 5-6 中，列（13）和列（14）为低融资约束水平分样本的回归结果，可以看出解释变量 efficiency 和 novelty 的回归系数均不显著（其中 novelty 回归系数的 p 值为 0.105，接近 10% 的显著性水平）。控制变量中除资产回报率 roa 之外，有形资产比率 tangible 的回归系数显著为负，显著性水平为 5%。这说明对于融资约束水平相对较低的企业而言，商业模式倾向性对资本结构偏离程度的影响相对有限，盈利能力和有形资产占比是更为重要的影响因素。列（15）和列（16）是高融资约束水平分样本的回归结果，其中 efficiency 的回归系数显著为正，显著性水平为 10%。这表明以效率型商业模式为主导的企业在面临较高程度的融资约束时仍会维持较高水平的资本偏离度，这与前文的分析是一致的。而列（16）中

novelty 的回归系数显著为负，显著性水平为5%。这意味着在融资约束水平较高的企业样本中新颖型商业模式倾向性得分依然与资本结构偏离度保持显著负相关的关系，从而说明以新颖型商业模式为主导的企业在面临较强的外部融资约束时会更为谨慎地规划自身的资金使用和资本结构决策，在考虑到未来预期调整成本相对较高的情况下会尽可能将当前资本结构维持在与目标资本结构相近的水平。

### 5.4.2 不同商业模式倾向性水平下资本结构调整速度的差异

前文对不同类型商业模式的典型程度与资本结构偏离度之间的关系，以及这一关系在不同条件、不同情况下是否存在差异进行了检验，接下来需要进一步讨论的就是不同商业模式的企业其资本结构调整速度是否存在明显的区别。根据以往研究，企业的资本结构调整速度会受到一系列宏观及微观因素的影响，其中微观层面比较重要的因素主要包括实际资本结构偏离目标资本结构的程度（Drobetz 和 Wanzenried，2006）、成长性（Drobetz 和 Wanzenried，2006）、现金持有水平（Byoun，2008）和现金流（Faulkender 等，2012）等。本书在对不同商业模式类型下企业资本结构调整能力的差异进行分析时也会考虑上述因素的影响。

根据前文的理论分析以及通过实证检验所得到的结果，以效率型商业模式为主导的企业，其实际资本结构偏离目标资本结构的程度相对较高，理论上应该具备较快的资本结构调整速度。但正如前文分析所言，实施效率型商业模式的企业通常会基于特定目的（如提升竞争能力、增加战略选择、维持财务弹性等）而保持一个相对较低的财务杠杆水平，或是为维持进攻型战略、缓解自由现金流所引发的代理问题以及传递良好信号等而使用高负债，其并没有足够的动力实施资本结构调整决策，因此资本结构调整速度也会相对较慢。以新颖型商业模式为主导的企业则刚好相反，尽管其资本结构偏离度相对较低，但由于实施新颖型商业模式的企业具备较强的动力将实际资本结构维持在目标资本结构附近以最大限度地利用税盾收益，同时控制破产风险，因而其资本结构调整速度也会相对较快。除此之外，新颖型商业模式企业一个典型的特征就是需要维持新业务的高速成长，这一点刚好满足 Drobetz 和 Wanzenried（2006）所提出的条件，即在高速成长时期企业会通过灵活的融资决策提高调整资本结构的能力。因此，本书预期以新颖型商业模式为主导的企业其资本结构调整速度要高于以效率型商业模式为主导的企业。

在具体衡量资本结构调整速度的方法方面，本书借鉴 Flannery 和 Rangan（2006）、Byoun（2008）、姜付秀和黄继承（2013）的研究，在公式（5－1）和公式（5－2）的基础上进一步构建以下模型：

$$LEV_{i,t} - LEV_{i,t-1} = \lambda(LEV^{*}_{i,t} - LEV_{i,t-1}) + \varepsilon \qquad (5-4)$$

$$LEV_{i,t} = (\lambda\beta)X_{i,t-1} + (1-\lambda)LEV_{i,t-1} + \varepsilon \qquad (5-5)$$

公式（5－4）中，λ 即为资本结构调整速度，公式（5－5）为将公式（5－1）代入公式（5－4）后进行整理变换的结果，其基本原理在于用 t－1 至 t 期资本结构的变化衡量企业实际资本结构向目标资本结构调整的速度并将其整理为一般回归的形式。这样只需观察变量$LEV_{i,t-1}$的回归系数即可得出资本结构调整速度 λ。本书分别按照效率型商业模式倾向性得分 efficiency 和新颖型商业模式倾向性得分 novelty 的中位数将整体样本划分为四个子样本之后执行公式（5－5）的回归分析，结果如表 5－7 所示。

表 5－7 中，列（17）至列（21）分别是全样本、efficiency 中位数以下子样本、efficiency 中位数及以上子样本、novelty 中位数以下子样本、novelty 中位数及以上子样本的回归结果，λ 为根据回归项 lev_ lag 的回归系数计算而出的资本结构调整速度。其中，全样本的资本结构调整速度为 0.0556，这说明我国创业板上市公司

**表 5-7　不同商业模式倾向性水平下资本结构调整速度的差异**

| 变量 | 因变量：LEV | | | | |
|---|---|---|---|---|---|
| | 全样本 | efficiency < 中位数 | efficiency > = 中位数 | novelty < 中位数 | novelty > = 中位数 |
| | (17) | (18) | (19) | (20) | (21) |
| lev_ lag | 0. 9444 *** | 0. 9471 *** | 0. 9413 *** | 0. 9765 *** | 0. 9141 *** |
| | (31. 3174) | (22. 7628) | (21. 7325) | (23. 5105) | (20. 5847) |
| size | 0. 0023 | 0. 0030 | 0. 0013 | -0. 0012 | 0. 0053 |
| | (0. 4058) | (0. 4234) | (0. 1487) | (-0. 1522) | (0. 6540) |
| roa | -0. 3047 *** | -0. 2679 *** | -0. 4260 *** | -0. 2677 *** | -0. 3706 *** |
| | (-4. 5242) | (-3. 7800) | (-2. 9707) | (-3. 2508) | (-2. 9825) |
| tangible | 0. 0170 | 0. 0212 | 0. 0102 | 0. 0254 | 0. 0046 |
| | (0. 4049) | (0. 3730) | (0. 1662) | (0. 4604) | (0. 0693) |
| tobin q | -0. 0073 | -0. 0074 | -0. 0057 | -0. 0078 | -0. 0057 |
| | (-1. 5959) | (-1. 2297) | (-0. 8170) | (-1. 2935) | (-0. 8111) |
| tax shield | -0. 5318 | -0. 5840 | -0. 5969 | -0. 2756 | -0. 7490 |
| | (-0. 9625) | (-0. 7443) | (-0. 7454) | (-0. 3675) | (-0. 8910) |
| industry lev | 0. 0082 | 0. 0423 | -0. 0298 | 0. 0168 | 0. 0015 |
| | (0. 1438) | (0. 5767) | (-0. 3432) | (0. 2149) | (0. 0179) |
| constant | 0. 0362 | 0. 0059 | 0. 0763 | 0. 0872 | -0. 0104 |
| | (0. 3009) | (0. 0389) | (0. 4061) | (0. 5087) | (-0. 0594) |
| Observations | 600 | 272 | 328 | 297 | 303 |
| F | 260. 4516 | 143. 8642 | 123. 7236 | 149. 6067 | 109. 4286 |
| R-squared | 0. 7549 | 0. 7923 | 0. 7302 | 0. 7837 | 0. 7220 |
| λ | 0. 0556 | 0. 0529 | 0. 0587 | 0. 0235 | 0. 0859 |

注：*、**、*** 分别表示在 10%、5% 和 1% 的水平上显著，括号内为 t 值。变量中 LEV 是企业当期资产负债率，lev_ lag 是上一期资产负债率，industry lev 是行业资产负债率的中位数。

在 2017—2018 年仅能调整实际资本结构与目标资本结构之间差额的 5.6%，这一调整速度处在偏小的水平，远远低于童勇（2004）、连玉君和钟经樊（2007）、王正位等（2007）以 A 股上市公司为样本所计算的调整速度。各个子样本中，efficiency 较小组和较大组的调整速度分别是 0.0529 和 0.0587，相差不大的同时与全样本的调整速度也相当接近。Novelty 较小组的调整速度为 0.0235，显著低于全样本的调整速度，而较大组的调整速度为 0.0859，是所有子样本中最高的。上述结果与本书预期相符，即以效率型商业模式为主导的企业并未在将实际资本结构调整至目标资本结构方面表现出较高的积极性，其资本结构调整速度相对较慢；而以新颖型商业模式为主导的企业对目标资本结构的追逐更为积极，其资本结构调整速度会相对较快。

## 5.5　稳健性检验

### 5.5.1　替换关键变量后的回归结果

在对我国创业板上市公司的商业模式进行评分的过程中，为确保不同评分者对同一企业的商业模式评价不存在重大分歧，评分小组特意设置了详细的数据复核机制，并由此形成了两组商业模式评分结果。在之前的回归分析中，本书使用的是评分小组组长（即笔者）的商业模式评分，因此在稳健性检验中，本书将使用四位组员汇总后的商业模式评分进行回归分析。替换商业模式变量后的稳健性检验结果如表 5－8 所示。

表 5－8 的回归结果显示，在替换商业模式倾向性得分变量后，本章的实证检验中主回归分析所得出的结论依然是成立的，即效率型商业模式倾向性水平的提升与更大的资本结构偏离度显著相关，

表 5-8　替换商业模式评分的稳健性检验回归结果

| 变量 | 因变量：DIS | |
|---|---|---|
| | (22) | (23) |
| efficiency_ a | 0.0057* | |
| | (1.9145) | |
| novelty_ a | | -0.0064*** |
| | | (-2.7776) |
| constant | 0.0113 | -0.0104 |
| | (0.0760) | (-0.0711) |
| control variables | control | control |
| industry | control | control |
| Observations | 600 | 600 |
| F | 2.5194 | 2.6199 |
| R-squared | 0.1833 | 0.1892 |

注：*、**、*** 分别表示在 10%、5% 和 1% 的水平上显著，括号内为 t 值。变量 efficiency_ a 和 novelty_ a 为将小组成员评分整合所形成的效率型和新颖型商业模式倾向性得分。

新颖型商业模式倾向性水平较高的企业其资本结构偏离度会相对较小。

### 5.5.2　考虑遗漏变量后的回归结果

在 OLS 回归分析中，存在遗漏变量会导致被解释变量与误差项相关，并引发内生性问题。因此，有必要对本书回归模型中潜在的遗漏变量加以讨论。实际上，企业管理和调整资本结构的本质在于对所能获得的资金进行合理地规划和使用，而负债融资的意义也正是在企业股东所能投入的资源相对有限的情况下赋予企业更高的成长空间。但金融活动向来都是包括资金提供方和资金需求方双边关系的经济活动，除了从企业这一需求方加以分析之外，探讨外部环境即资金的供给问题同样十分重要。特别是在我国地区金融发展差异相对较大的情况下，区域金融发展水平可能会对当地企业的资本结构调整决策构成显著影响（姜付秀和黄继承，2011）。因此，有必要将区域金融发展水平（financial market）作为遗漏变量加入至本章的主回归模型中。考虑遗漏变量后的回归结果如表 5－9 所示。

**表 5－9　　考虑遗漏变量后的稳健性检验回归结果**

| 变量 | 因变量：DIS | |
|---|---|---|
| | (24) | (25) |
| efficiency | 0.0061** | |
| | (2.0957) | |
| novelty | | －0.0057** |
| | | (－2.4544) |
| financial market | －0.0062** | －0.0057** |
| | (－2.5102) | (－2.3494) |
| constant | 0.0642 | 0.0512 |
| | (0.4326) | (0.3449) |
| control variables | control | control |
| industry | control | control |
| Observations | 600 | 600 |
| F | 2.6146 | 2.6547 |
| R－squared | 0.1923 | 0.1947 |

注：*、**、*** 分别表示在 10%、5% 和 1% 的水平上显著，括号内为 t 值。变量 financial market 为以省和直辖市为口径计算的区域金融市场发展水平，数据取自王小鲁等（2017）编写出版的《中国分省份市场化指数报告（2016）》。

表 5－9 的回归结果显示，当以资本结构偏离度 DIS 作为因变量时，financial market 的回归系数显著为负，显著性水平为 5%。这说明随着区域金融发展水平的提升，创业板上市公司的资本结构

偏离程度会有所下降，可能的原因在于相对发达的金融市场有助于降低企业的融资成本，而融资成本的降低也就意味着资本结构调整成本的降低，这样企业将实际资本结构调整至目标资本结构的能力和意愿都会有所上升。在控制了区域金融发展水平 financial market 后，列（24）和列（25）的回归结果依然是显著的，且系数方向并未发生改变，这表明本章实证研究中所得出的结论是比较稳健的。

关于由反向因果所引发的内生性问题，根据本书的研究内容和指标构建可作出以下解释：首先，从企业制定决策的顺序来看，通常是最先确定企业战略，之后设计和选择相应的商业模式，最后才确定以融资决策为代表的一系列支持行为，这也是财务部门在企业中通常作为职能部门的角色定位所决定的，很难想象企业为实施某一特定融资决策而主动设计某种类型的商业模式。其次，根据本书第 4 章所构建的商业模式评分体系所得出的商业模式倾向性评分在一定时期内具有稳定性。为确保对企业商业模式进行评价的科学性和全面性，本书在具体项目的评价过程中所参考的资料并非仅局限于 2018 年，而是考察了自 IPO 至 2018 年以来企业发展的整体历程。换言之，本书在 2018 年时间节点所观测到的商业模式倾向性是企业在经过一定时间的发展后累积形成的结果。因此，企业在 2018 年时间点上所做的融资决策很难对其以往数年发展和探索过程中所形成的商业模式构成反向影响。综上所述，本书实证研究的被解释变量和解释变量之间并不存在明显的反向因果关系。

## 5.6 本章小结

本章考察了不同商业模式类型的倾向性对企业长期融资决策的影响。通过构建相关回归模型、探讨调节效应、设计分样本研究情境等方法，本章获得了以下研究发现：效率型商业模式倾向性水平与资本结构偏离度显著正相关；新颖型商业模式倾向性水平与资本结构偏离度显著负相关，且上述关系在传统行业企业中表现得更加明显；债务融资成本反向调节新颖型商业模式倾向性与资本结构偏离度之间的关系，无形资产比重正向调节效率型商业模式倾向性与资本结构偏离度之间的关系，而上述调节效应在互联网行业企业中作用更强；两类商业模式倾向性水平与资本结构偏离度之间的显著相关关系在融资约束相对较强的环境下成立，在弱融资约束环境下不成立；整体上而言，我国创业板上市公司的资本结构调整速度处在一个偏小的水平，其中以新颖型商业模式为主导的企业其资本结构调整速度高于以效率型商业模式为主导的企业。

# 第6章 商业模式类型对企业短期融资决策的影响

本章的主要的目的是考察不同商业模式类型的倾向性对我国创业板上市公司短期融资决策的影响。具体研究内容为实证检验商业模式倾向性得分与企业商业信用水平之间的关系，产品市场竞争、股权性质的调节作用以及上述相关关系在不同市场地位的情况下是否具有差异。随后，还检验了不同商业模式倾向性得分水平下商业信用对短期银行借款替代程度的差异。

## 6.1 理论分析与研究假设

### 6.1.1 不同商业模式倾向性与商业信用水平之间的关系

商业信用主要是指企业在与供应商或客户进行业务往来的过程中，由于延迟付款或提前收款而形成的债权，客观上可以理解为供应商或客户对企业提供了短期融资，在会计科目上主要表现为应付票据、应付账款和预收款项三个科目。就经济属性而言，商业信用主要具备以下几个特征：（1）依附于特定的经济活动。商业信用的产生多存在于采购原材料、委托销售产品等经营活动中，这就与无须发生业务的银行贷款产生了本质上的区别，但是，商业信用也不存在抵押品方面的限制，相对应的其受法律保护的程度和维权难度也要高于银行贷款（童盼和陆正飞，2005）。（2）期限较短。商业信用的付款周期一般较短，以 30、60 或 90 天居多，通常不会超过一年，这就使得商业信用通常只能替代短期银行借款而无法替代长期银行借款。（3）存在隐性成本。目前学术界对于商业信用融资成本与银行贷款孰高孰低的问题并未达成一致意见，但有不少研究文献都指出了商业信用隐性成本高昂的问题，如 Nilsen（2002）认为商业信用事关企业与供应商等外部交易伙伴的合作关系，如果延迟付款破坏了这些关键合作关系，那么由此产生的隐性成本就是巨大的；饶品贵和姜国华（2013）直接计算了在“2/10，30”（即企业在 10 天内付款可享受 2% 的折扣，付款期限为 30 天）情境下企业使用商业信用的资金成本，结果显示放弃现金折扣的资金成本高达 37.24%。由于商业信用可能伴随着高昂的隐性成本，企业需要在使用商业信用与申请短期银行贷款之间进行取舍。

商业信用虽然存在着无抵押品保证、违约时维权困难等问题，但在现实的经营环境下供应商和客户却依然愿意为企业提供商业信用，其原因除了曾经被学术界讨论过的降低交易成本、促进销售之外，很大程度上是由于作为业务往来对象的供应商通常更为了解企业的经营状况，其可以通过完成交易适时监控企业的财务状况并及时发现风险，而关键客户或供求关系的重要地位也会对企业形成一种经济意义上的压力，迫使其遵守交易合同中的付款规定（Petersen 和 Rajan，1997）。由此可见，外部交易者对企业足够了解是企业获取商业信用的重要条件。在这一问题上，效率型商业模式无疑具备充足的优势：首先，效率型商业模式的业务提供流程相对比较简单，可理解性强，同时信息透明度较高，供应商及客户除了自身所能获得的信息外还可以从其他交易者处获得信息，甚至可以从公开渠道获取信息，这就有助于商业信用提供者全方位了解和把握企业的相关情况，从而进行高质量的商业信用管理；其次，效率型商业模式的交易提供速度相对较快，各项收款和回款通常较为及时，因而企业可以实现较短的资金周转周期，再加上效率型商业模式对各项费用的节约能力相对较强，可以保证企业维持较高的流动资金用于偿还短期债务，这样商业信用提供者就无须担心商业信用的违约问题；最后，效率型商业模式下企业的供应商集中度和客户集中度通常较高，稳定性较强，通过长时间的交易可以逐渐形成信任关系，这就省去了商业信用提供者对企业的相关资质和经营质量进行筛选和了解的成本，而效率型商业模式不仅有助于核心企业降低费用成本，还有助于降低外部交易者的各项费用成本，因而外部交易者也会乐于对以效率型商业模式为主导的企业提供商业信用，并借此维持交易关系的稳定性。从效率型商业模式企业自身的角度，使用商业信用也具备足够的好处：第一，效率型商业模式的核心在于以一种更为高效、更为简单的方式创造和传递价值，其对各个价值流转环节的改进主要体现为速度及流程的优化，这就要求企业及时获取原材料、加工生产、贮藏运输并将其快速提供给客户，这一过程的实施需要一定数量的周转资金用于各项营运开支，此时使用商业信用可以加速这一过程，并提高企业将投入资源转化为产品并最终销售给客户的效率；第二，效率型商业模式下企业的资金节约能力、现金流生产能力通常较强，从而具备充足的短期偿债能力，这种条件下企业无须担心由商业信用违约而引发的交易关系损失成本，反而可以利用商业信用与重要供应商及客户维持稳定的合作关系。因此，本书预计随着效率型商业模式典型程度的提升，企业的商业信用水平也会逐渐提高。

新颖型商业模式则表现出了相反的特征。第一，新颖型商业模式的业务通常比较复杂，涉及大数据分析、物联网、区块链、人工智能等多项新生专有名词，服务范围和内容也相对抽象，此时不仅外部消费者难以理解企业的产品和业务，就是存在交易关系的供应商和客户若要完整把握企业的经营状况也相对困难。第二，新颖型商业模式通常需要数额庞大的资金维持新业务或新市场的成长，而这些新业务的拓展通常需要在较长的时间内容忍亏损甚至是失败，无法寄希望于其可以提供可观的现金流回收，因此以新颖型商业模式为主导的企业通常并不具备高水平的短期偿债能力。第三，新颖型商业模式以拓展客户、吸引新的交易者加入为主要特征，对于企业而言尽可能多地建立新的交易关系比维持以往的交易关系而言更为重要，因此以新颖型商业模式为主导的企业通常很难与某一供应商或客户维持时间较长、交易量较大的稳定合作关系，这就会使企业在获取商业信用方面处在一个相对不利的地位。对于以新颖型商业模式为主导的企业而言，其并没有足够的动力使用商业信用：第一，使用商业信用的资金成本是相对较高的，这无疑会对新颖型商业模式企业带来业绩方面的压力；第二，以新颖型商业模式为主导的企业其自身的短期偿债能力并不强，在使用商业信用之后一旦发生资金周转不利而导致违约的情况，那么企业损失的不仅仅是单一的合作关系，这种低质量企业的信号传递同样会对企业在未来拓展其他交易关系产生不利影响。综上所述，以新颖型商业模式为主导的企业在不具备较强的商业信用获取能力的同时其自身也没有足够的动力使用商业信用，因此其最终的商业信用水平也会相对较低。综上所述，本书提出如下研究假设：

假设6-1：效率型商业模式倾向性水平与企业商业信用水平正相关。

假设6-2：新颖型商业模式倾向性水平与企业商业信用水平负相关。

### 6.1.2 产品市场竞争激烈程度对新颖型商业模式倾向性与商业信用水平之间关系的调节作用

除了通常意义上的替代性融资功能之外，商业信用还具备一个重要的作用就是对交易关系的稳固和维持（Fisman 和 Raturi，2004；Van Horen，2005；Fabbri 和 Klapper，2008），这种锁定关键供应商及客户的效应甚至可以上升至战略层面，成为企业提升产品市场竞争力的一种重要手段（余明桂和潘红波，2010）。因此，有理由认为产品市场竞争的激烈程度会对商业模式与商业信用之间的关系产生影响。对于以新颖型商业模式为主导的企业而言，其进入一个新的产品市场或者区域市场时通常以后进入者或者挑战者的姿态出现，这一时期企业的市场地位相对较低，其所面临的竞争环境也是比较复杂的。但此时企业承担着扶持新业务成长的压力，需要通过塑造外部环境提升新业务发展的稳定性。如果新颖型商业模式企业所在细分市场中缺乏强有力的竞争者，那么通过商业信用建立和维持重要的外部合作关系就成为一种现实的选择，这样一方面可以保证新业务在发展过程中具备稳定的原材料供给和销货渠道，而更为重要的是可以防止重要供应商及客户流向竞争对手并对新业务的成长构成威胁。但是，若产品市场整体的竞争程度较为激烈，那么对于优质供应商及客户的追逐会异常强烈，此时作为新进入者的新颖型商业模式企业很难通过自身条件击败现有的成熟的在位企业并获得商业信用资源。因此，在产品市场竞争相对较为激烈的情况下，尽管新颖型商业模式企业使用商业信用所带来的重要交易关系锁定收益要高于由此可能引发的隐性成本，其对商业信用的争取动力会得到加强，但市场中实力强大的竞争对手对优质供应商及客户资源的争夺会妨碍新颖型商业模式企业获取商业信用资源。根据以上分析，本书提出假设 6－3：

假设 6－3：产品市场竞争的激烈程度正向调节新颖型商业模式倾向性水平与商业信用水平之间的关系。

### 6.1.3 股权性质对效率型商业模式倾向性与商业信用水平之间关系的调节作用

我国贷款市场中存在“信贷歧视”的现象（刘仁伍和盛文军，2011；张杰等，2013），其主要表现为以商业银行为主导的债权人倾向于将信贷资本配置到规模较大的企业或国有企业。其中，国有企业更容易受到信贷支持的原因除了与国有大型商业银行之间存在的天然联系之外（张杰，2000），来自地方政府的支持也是一项重要因素（余明桂和潘红波，2008）。由于商业信用供求关系的建立主要依赖于交易双方的信任关系，因而供应商或客户会倾向于考察企业自身的经济条件，如支付能力、经营状况等。此时国有企业在获取商业信用时就具备明显的优势，其可以利用自身较容易获取银行贷款的优势为商业信用融资提供隐性担保，从而获得供应商或客户的信任。本书认为这一机制会对效率型商业模式与商业信用水平之间的关系产生一定的替代作用，即国有创业板上市公司无须维持较高的效率型商业模式倾向性水平也可以较容易地获取商业信用融资。据此，可提出假设 6 – 4：

假设 6 – 4：国有股权性质反向调节效率型商业模式倾向性水平与商业信用水平之间的关系。

## 6.2　研究设计

### 6.2.1　样本选取与数据来源

与第 5 章一致，本章节的研究样本为 2018 年我国创业板上市公司，在剔除上市时间不足三个报告期以及在研究期间退市的企业之后，共得到了 600 个样本。在计算相关指标所需要的数据方面，两种商业模式类型倾向性评分所依据的相关资料包括 IPO 招股说明书、最新年度报告（2018 年）、分析师研究报告以及企业主页信息，可于和讯网（http://www.hexun.com/）进行直接下载或查询，其他财务指标或基础数据来自国泰安（CSMAR）数据库。

### 6.2.2 变量选取与回归模型构建

本书借鉴陆正飞和杨德明（2011）的方法，采用应付票据、应付账款、预收款项之和与资产总额的比率衡量商业信用水平，这也是国内商业信用研究应用最广的测度方式。这里需要特别说明的是，由于本书所用的数据取自2018年年度报告，而本期年报受到了财政部《关于修订印发2018年度一般企业财务报表格式的通知》的影响而将“应付票据”和“应付账款”项目归并至新增的“应付票据及应付账款”项目。笔者在对比国泰安数据库数据和原始报表数据时发现，国泰安数据库对“应付票据”和“应付账款”两个项目依然做分开处理，其数据分别取自企业年度报告“应付票据及应付账款”项目的报表附注，且相关数据并不存在偏误。在确认上述内容无误后，本书继续使用国泰安数据库的相关资料计算企业的商业信用水平。

之后，本书构建了以商业信用水平为被解释变量，商业模式倾向性得分为解释变量的回归模型：

$$TC_{i,t} = \alpha + \beta_1 \times BM_{i,t} + \beta_2 \times \text{control variables}_{i,t} + \text{industry} + \varepsilon$$

（模型6-1）

模型6-1中，$TC_{i,t}$为企业i在第t年的商业信用水平，$BM_{i,t}$为企业i在第t年的商业模式（Business Model）倾向性得分，包括效率型商业模式倾向性得分和新颖型商业模式倾向性得分两种。Control $variables_{i,t}$为可能影响企业商业信用水平的一系列控制变量，本书选取了企业规模、盈利能力、资本结构、成长性、固定和无形资产比重、流动比率、企业年龄、股权性质等反应企业个体特征的变量，还纳入了包含企业治理特征的变量如大股东持股比例、是否两职合一、董事会规模、管理层持股水平以及机构投资者持股水平等。Industry为行业虚拟变量，划分标准为我国证监会于2012年颁布的《上市企业行业分类指引》，用以控制行业效应。需要重点关注的是模型 6－1 中的回归系数$\beta_1$，按照本书的研究假设，当以商业信用水平$TC_{i,t}$作为因变量，效率型商业模式水平作为自变量时，$\beta_1$应为显著正，反之以新颖型商业模式水平作为自变量时$\beta_1$应显著为负。在模型 6－1 的基础上，可进一步加入产品市场竞争激烈程度（compete）与新颖型商业模式倾向性得分（novelty）的交互项用以检验假设 6－3，如下所示：

$$TC_{i,t} = \alpha + \beta_1 \times novelty_{i,t} + \beta_2 \times compete_{i,t} + \beta_3 \times novelty_{i,t} \times compete_{i,t} + \beta_4 \times control\ variables_{i,t} + industry + \varepsilon \quad （模型 6－2）$$

模型 6－2 中，$compete_{i,t}$为企业所在行业的产品市场竞争激烈程度。本书借鉴了姜付秀等（2008）、余明桂和潘红波（2010）的研究，采用行业的赫芬达尔指数（HHI）衡量产品市场竞争激烈程度，具体计算公式为 $HHI = \sum (x/X)^2$，其中 x 为某一企业的营业收入，X 为行业内所有企业的营业收入之和。在具体计算 HHI 时，为避免行业分类过细导致企业数量减少下的指数虚高问题，本书将行业口径设置为与前期进行商业模式评分时保持一致，即按照证监会 2012 版《上市企业行业分类指引》除制造业外全部取首字母，而制造业取一位码（C1、C2、C3、C4）。需要特别说明的是，HHI 是一个反向指标，其值越低则意味着行业集中度越低、市场竞争越激烈，反之则意味着行业集中度较高、市场竞争程度较小。因此，在实际关注交互项$novelty_{i,t} \times compete_{i,t}$的回归系数$\beta_3$时，如果假设 6－3 的逻辑成立即产品市场竞争激烈程度越高，新颖型商业模式企业获取商业信用的能力越差，则$\beta_3$应显著为正。

$$TC_{i,t} = \alpha + \beta_1 \times efficiency_{i,t} + \beta_2 \times soe_{i,t} + \beta_3 \times efficiency_{i,t} \times soe_{i,t} + \beta_4 \times control\ variables_{i,t} + industry + \varepsilon \quad （模型 6－3）$$

模型 6－3 为加入了国有股权性质哑变量$soe_{i,t}$及其与效率型商业模式倾向性得分$efficiency_{i,t}$的交互项$efficiency_{i,t} \times soe_{i,t}$之后所构成的回归模型。此时需要重点关注的回归系数变为交互项$efficiency_{i,t} \times soe_{i,t}$的回归系数$\beta_3$，当假设 6－4 成立时，即国有股权性质会对效率型商业模式倾向性与商业信用水平之间的关系构成替代效应，则回归系数$\beta_3$应显著为负。

被解释变量、解释变量和控制变量的名称及具体计算方式如表6－1所示。

**表6－1　被解释变量、解释变量和控制变量的名称和计算方式一览表**

| 变量性质 | 变量名称 | 变量表示 | 变量计算方法 |
|---|---|---|---|
| 被解释变量 | 商业信用水平 | TC | （应付票据＋应付账款＋预收款项）／总资产 |
| 解释变量 | 商业模式倾向性 | efficiency，novelty | 详见第4章 |
| 解释变量 | 产品市场竞争激烈程度 | compete | 企业所在行业的收入赫芬达尔指数（HHI） |
| 解释变量 | 企业性质 | soe | 虚拟变量，国有企业取1，非国有企业取0 |
| 控制变量 | 企业规模 | size | 总资产的自然对数 |
| 控制变量 | 盈利能力 | roa | 净利润/总资产 |
| 控制变量 | 资本结构 | lev | 总负债/总资产 |
| 控制变量 | 成长能力 | growth | （当年营业收入－上一年营业收入）／上一年营业收入 |
| 控制变量 | 固定资产比率 | fix ratio | 固定资产/总资产 |
| 控制变量 | 无形资产比率 | intangible ratio | 无形资产/总资产 |
| 控制变量 | 流动比率 | liquidity | 流动资产/流动负债 |
| 控制变量 | 现金持有水平 | cashholding | 货币资金/总资产 |
| 控制变量 | 现金流水平 | cf | 经营活动产生的现金流量净额/总资产 |
| 控制变量 | 企业价值 | tobin q | （企业市值＋负债合计）／总资产 |
| 控制变量 | 企业年龄 | age | 研究年份－上市年份＋1 |

续表

| 变量性质 | 变量名称 | 变量表示 | 变量计算方法 |
|---|---|---|---|
| 控制变量 | 股权结构 | bighold | 第一大股东持股数/总股本 |
| 控制变量 | 两职合一 | duality | 虚拟变量，董事长和总经理为同一人时取 1，否则取 0 |
| 控制变量 | 董事会规模 | directors | 董事会成员人数 |
| 控制变量 | 独立董事比重 | idratio | 独立董事人数/董事会总人数 |
| 控制变量 | 管理层持股 | managerhold | 管理层持股数/总股本 |
| 控制变量 | 机构投资者持股 | institutionhold | 机构投资者持股数/总股本 |
| 控制变量 | 行业效应 | industry | 虚拟变量，当前行业取 1，否则取 0 |

# 6.3　实证研究结果

## 6.3.1　样本的描述性统计

被解释变量、解释变量和控制变量的描述性统计结果如表 6 - 2 所示。

**表 6 - 2　　样本的描述性统计**

| 变量名 | 样本数 | 均值 | 标准差 | 最小值 | 最大值 |
|---|---|---|---|---|---|
| TC | 600 | 0.1446 | 0.1099 | 0.0007 | 1.2019 |
| efficiency | 600 | 5.7279 | 1.7132 | 1.0000 | 9.5000 |
| novelty | 600 | 5.4142 | 2.2905 | 0.0000 | 10.0000 |
| compete | 600 | 0.0851 | 0.1239 | 0.0121 | 0.7540 |
| soe | 600 | 0.0600 | 0.2377 | 0.0000 | 1.0000 |
| size | 600 | 21.6270 | 0.8624 | 19.0072 | 24.7609 |
| roa | 600 | -0.0052 | 0.1858 | -1.6290 | 0.3789 |

续表

| 变量名 | 样本数 | 均值 | 标准差 | 最小值 | 最大值 |
|---|---|---|---|---|---|
| lev | 600 | 0. 3707 | 0. 2034 | 0. 0438 | 1. 6869 |
| growth | 600 | 0. 1987 | 0. 5720 | -0. 9818 | 10. 4813 |
| fix ratio | 600 | 0. 1500 | 0. 1113 | 0. 0010 | 0. 6094 |
| intangible ratio | 600 | 0. 0422 | 0. 0436 | 0. 0000 | 0. 4638 |
| liquidity | 600 | 2. 8324 | 2. 9440 | 0. 2828 | 39. 4525 |
| cashholding | 600 | 0. 1623 | 0. 1117 | 0. 0018 | 0. 8316 |
| cf | 600 | 0. 0378 | 0. 0691 | -0. 1737 | 0. 6523 |
| tobin q | 600 | 1. 7279 | 0. 7392 | 0. 8109 | 9. 0593 |
| age | 600 | 6. 3883 | 2. 4909 | 2. 0000 | 10. 0000 |
| bighold | 600 | 0. 2871 | 0. 1208 | 0. 0300 | 0. 7517 |
| duality | 600 | 0. 3950 | 0. 4893 | 0. 0000 | 1. 0000 |
| directors | 600 | 7. 8667 | 1. 5042 | 4. 0000 | 13. 0000 |
| idratio | 600 | 0. 3863 | 0. 0610 | 0. 0000 | 0. 7500 |
| managerhold | 600 | 0. 1448 | 0. 1688 | 0. 0000 | 0. 6847 |
| institutionhold | 600 | 0. 0503 | 0. 0619 | 0. 0000 | 0. 3300 |

表6-2的统计结果显示，我国创业板上市公司平均的商业信用水平为0. 14，与陆正飞和杨德明（2011）以A股上市公司为样本的统计结果相似；而平均资产负债率为0. 37，商业信用与资产负债率的比值近似为1∶3。股权性质虚拟变量soe的均值为0. 06，这说明样本企业中仅有6%的企业是国有企业，整体上创业板上市公司是以非国有企业为主导的。控制变量中与第5章内容重合的部分不再赘述。而新增控制变量中值得注意的主要包括以下几个：首先是现金流水平cf的均值为3. 78%，与roa平均-0. 52%形成了较为鲜明的对比，这说明我国创业板上市公司虽然总体上处于亏损的状态，但仍具备一定的现金流回收能力，本书认为出现这一现象的可能原因在于大量企业处在业务转型或者拓展时期，而新业务的成

长仍有待时间检验，从营业收入平均 20% 左右的增长速度来看，未来创业板上市公司的发展还是值得期待的。两职合一虚拟变量 duality 的均值为 0.39，这说明我国创业板上市公司中两职合一的情况是比较普遍的，占据了整体样本的近 40%，这可能是由于创新创业型企业通常由创始人兼任董事长和 CEO 所造成的。

### 6.3.2　不同商业模式类型倾向性得分与商业信用水平的回归结果

为检验假设 6－1 和假设 6－2，本书对前期构建的以商业信用水平 TC 为被解释变量、效率型和新颖型商业模式倾向性得分 efficiency 和 novelty 为解释变量的模型 6－1 进行 OLS 回归分析，结果如表 6－3 所示。为排除极端值的影响，除商业模式倾向性得分外的所有连续变量均进行了 1% 的缩尾处理（Winsorize）（下同，不再赘述）。

**表 6－3　　商业模式倾向性与企业的商业信用水平**

| 变量 | 因变量：TC | | | | | |
|---|---|---|---|---|---|---|
| | 全样本 | | 传统行业组 | | 互联网组 | |
| | (1) | (2) | (3) | (4) | (5) | (6) |
| efficiency | 0.0065*** | | 0.0075*** | | 0.0036 | |
| | (3.0618) | | (2.7593) | | (0.9914) | |
| novelty | | －0.0038** | | －0.0035 | | －0.0039 |
| | | (－2.2425) | | (－1.6269) | | (－1.3767) |
| size | －0.0118* | －0.0100 | －0.0070 | －0.0071 | －0.0270*** | －0.0236** |
| | (－1.9606) | (－1.6068) | (－0.9115) | (－0.8998) | (－2.6486) | (－2.2640) |
| roa | －0.0029 | －0.0048 | 0.0015 | 0.0027 | －0.0307 | －0.0327 |
| | (－0.1231) | (－0.1984) | (0.0489) | (0.0870) | (－0.8033) | (－0.8565) |
| lev | 0.2804*** | 0.2792*** | 0.2386*** | 0.2355*** | 0.3720*** | 0.3683*** |
| | (10.6838) | (10.5242) | (7.3657) | (7.1698) | (8.0316) | (7.9720) |

续表

| 变量 | 因变量：TC | | | | | |
|---|---|---|---|---|---|---|
| | 全样本 | | 传统行业组 | | 互联网组 | |
| | (1) | (2) | (3) | (4) | (5) | (6) |
| growth | -0.0036 | -0.0022 | 0.0093 | 0.0106 | -0.0303 | -0.0284 |
| | (-0.3591) | (-0.2233) | (0.7835) | (0.8833) | (-1.4702) | (-1.3758) |
| fix ratio | -0.0916** | -0.0905** | -0.0788* | -0.0815* | -0.1031 | -0.1037* |
| | (-2.5366) | (-2.4531) | (-1.7694) | (-1.7528) | (-1.6305) | (-1.6818) |
| intangible ratio | -0.4125*** | -0.4264*** | -0.4205*** | -0.4314*** | -0.2444 | -0.2303 |
| | (-4.3938) | (-4.5281) | (-3.8324) | (-3.8889) | (-1.2102) | (-1.1447) |
| liquidity | -0.0060*** | -0.0060*** | -0.0056** | -0.0057** | -0.0045 | -0.0048* |
| | (-3.2639) | (-3.2286) | (-2.3300) | (-2.3421) | (-1.5828) | (-1.6903) |
| cashholding | 0.0085 | 0.0120 | 0.0405 | 0.0447 | 0.0212 | 0.0234 |
| | (0.2461) | (0.3477) | (0.8760) | (0.9611) | (0.4040) | (0.4470) |
| cf | -0.0449 | -0.0194 | -0.0323 | -0.0111 | -0.0452 | -0.0368 |
| | (-0.8123) | (-0.3503) | (-0.4589) | (-0.1538) | (-0.4861) | (-0.4030) |
| tobin q | -0.0008 | -0.0012 | 0.0064 | 0.0051 | -0.0210* | -0.0202* |
| | (-0.1353) | (-0.2010) | (0.8634) | (0.6890) | (-1.9552) | (-1.8859) |
| age | -0.0004 | -0.0006 | -0.0009 | -0.0009 | 0.0001 | 0.0001 |
| | (-0.2401) | (-0.3998) | (-0.4717) | (-0.5020) | (0.0342) | (0.0094) |
| soe | 0.0523*** | 0.0517*** | 0.0458*** | 0.0451*** | 0.0767*** | 0.0765*** |
| | (3.8722) | (3.8086) | (2.7394) | (2.6758) | (3.2888) | (3.3014) |
| bighold | 0.0443 | 0.0450 | 0.0397 | 0.0464 | 0.0602 | 0.0591 |
| | (1.5172) | (1.5361) | (1.1053) | (1.2859) | (1.1767) | (1.1662) |
| duality | -0.0027 | -0.0034 | 0.0009 | 0.0001 | -0.0175 | -0.0182 |
| | (-0.3523) | (-0.4446) | (0.0937) | (0.0077) | (-1.3551) | (-1.4107) |
| directors | -0.0014 | -0.0014 | 0.0055 | 0.0055 | -0.0097** | -0.0097** |
| | (-0.5162) | (-0.5356) | (1.5238) | (1.5226) | (-2.4102) | (-2.4075) |
| idratio | -0.0608 | -0.0652 | 0.1456 | 0.1444 | -0.2780*** | -0.2835*** |
| | (-0.9428) | (-1.0074) | (1.6052) | (1.5796) | (-2.9119) | (-2.9822) |

续表

| 变量 | 因变量：TC | | | | | |
|---|---|---|---|---|---|---|
| | 全样本 | | 传统行业组 | | 互联网组 | |
| | (1) | (2) | (3) | (4) | (5) | (6) |
| managerhold | 0.0449 ** | 0.0451 ** | 0.0261 | 0.0216 | 0.0852 ** | 0.0926 ** |
| | (1.9761) | (1.9752) | (0.9529) | (0.7859) | (2.1174) | (2.2972) |
| institutionhold | 0.0181 | 0.0234 | -0.0758 | -0.0558 | 0.1982 * | 0.1917 * |
| | (0.2683) | (0.3444) | (-0.8616) | (-0.6323) | (1.7879) | (1.7413) |
| constant | 0.3644 ** | 0.3788 *** | 0.1168 | 0.1767 | 0.8093 *** | 0.7812 *** |
| | (2.5357) | (2.6249) | (0.6482) | (0.9851) | (3.4707) | (3.3354) |
| industry | control | control | control | control | control | control |
| Observations | 600 | 600 | 402 | 402 | 198 | 198 |
| F | 9.7533 | 9.6068 | 7.2433 | 7.0602 | 9.6709 | 9.7607 |
| R - squared | 0.5297 | 0.5259 | 0.5651 | 0.5588 | 0.5611 | 0.5634 |

注：*、**、*** 分别表示在 10%、5% 和 1% 的水平上显著，括号内为 t 值。传统行业组和互联网组分样本的划分方法在第 4 章中已经进行了详细说明，在此不再赘述，下同。

表 6-3 中，列（1）和列（2）是全样本回归结果。可以看出解释变量 efficiency 的回归系数显著为正，显著性水平为 1%，解释变量 novelty 的回归系数显著为负，显著性水平为 5%。这说明随着效率型商业模式典型程度的提升，企业的商业信用水平会显著增加，假设 6-1 得到验证；新颖型商业模式则刚好相反，企业新颖型商业模式倾向性水平提升会导致企业的商业信用水平显著减少，从而支持了假设 6-2。控制变量中，固定资产比率 fix ratio 与商业信用水平显著负相关，这可能是由于拥有较多固定资产的企业可以通过抵押贷款的方式获取融资，其对商业信用的需求相对较小；无形资产比率 intangible ratio 与商业信用水平显著负相关，这可能是由于当企业的无形资产数额较大时供应商及客户对企业的经营状况和资产价值进行评估和把握的能力会相对较差，因此会出于控制风

险的角度考虑而减少对企业提供商业信用的数额；股权性质 soe 的回归系数显著为正，说明创业板市场中的国有企业更容易获取商业信用，这与假设 6 - 4 中的描述是一致的；管理层持股比重 managerhold 越高则商业信用水平越高，这说明管理层通过持有股份对企业形成的个人承诺有助于其在获取商业信用的过程中与供应商及客户之间建立信任关系。列（3）和列（4）是传统行业子样本的回归结果，解释变量 efficiency 和 novelty 的回归系数方向与主样本是一致的，但 novelty 回归系数的显著性消失（p 值为 0.105，接近 10% 的显著性水平）。列（5）和列（6）是互联网相关行业子样本的回归结果，解释变量 efficiency 和 novelty 的回归系数方向依然与主样本保持一致，但均不显著，这说明互联网行业企业的商业模式倾向性并未对商业信用水平产生显著影响。与之相对应的是，一些控制变量的方向及显著性值得注意：首先是企业规模 size 越大，商业信用水平越低，这可能是由于规模较大的企业通常融资约束水平相对较小，其可以通过银行贷款而非商业信用的方式获取融资支持；同理，企业价值 tobin q 相对较大的企业有机会利用资本市场的认可以较低的成本进行股权融资，这同样会对商业信用构成一定的替代作用；董事会人数越多、独立董事比重越高，则商业信用水平越低，这可能存在两种解释，一是董事会成员的社会网络关系有助于企业通过其他渠道融资而非借助商业信用，二是从供应商及客户的角度其认为小而精的治理结构更有助于其控制商业信用风险；机构投资者持股比重越高，商业信用水平越高，这可能是由于机构投资者参与治理有助于降低企业商业信用违约或逾期的风险。

### 6.3.3 产品市场竞争激烈程度对新颖型商业模式倾向性与商业信用水平之间关系的调节效应

为检验假设 6 - 3，本书对以商业信用水平 TC 为被解释变量、新颖型商业模式倾向性得分 novelty 为解释变量、产品市场竞争激烈程度 compete 为调节变量的模型 6－2 进行 OLS 回归分析，结果如表 6－4 所示。

**表 6－4　　新颖型商业模式倾向性、产品市场竞争与商业信用水平**

| 变量 | 因变量：TC | | |
|---|---|---|---|
| | 全样本 | 传统行业组 | 互联网组 |
| | (7) | (8) | (9) |
| novelty | －0.0065*** | －0.0059** | －0.0054 |
| | (－3.4478) | (－2.5821) | (－1.3803) |
| compete | －0.2748** | －0.3058*** | －0.0892 |
| | (－2.5171) | (－2.5933) | (－0.2316) |
| novelty × compete | 0.0478*** | 0.0520*** | 0.0203 |
| | (3.1293) | (2.9651) | (0.5985) |
| size | －0.0125** | －0.0109 | －0.0240** |
| | (－2.0083) | (－1.3819) | (－2.2847) |
| roa | －0.0093 | －0.0013 | －0.0355 |
| | (－0.3884) | (－0.0416) | (－0.9051) |
| lev | 0.2869*** | 0.2505*** | 0.3661*** |
| | (10.8457) | (7.6044) | (7.8318) |
| growth | 0.0001 | 0.0139 | －0.0276 |
| | (0.0135) | (1.1641) | (－1.3260) |
| fix ratio | －0.0888** | －0.0679 | －0.1094* |
| | (－2.4228) | (－1.4646) | (－1.7444) |
| intangible ratio | －0.4389*** | －0.4315*** | －0.2445 |
| | (－4.6716) | (－3.9052) | (－1.2023) |
| liquidity | －0.0061*** | －0.0055** | －0.0051* |
| | (－3.3041) | (－2.2649) | (－1.7551) |
| cashholding | 0.0182 | 0.0534 | 0.0251 |
| | (0.5274) | (1.1574) | (0.4755) |

续表

| 变量 | 因变量：TC | | |
|---|---|---|---|
| | 全样本 | 传统行业组 | 互联网组 |
| | (7) | (8) | (9) |
| cf | -0.0261 | -0.0232 | -0.0410 |
| | (-0.4755) | (-0.3242) | (-0.4440) |
| tobin q | -0.0016 | 0.0042 | -0.0203* |
| | (-0.2721) | (0.5630) | (-1.8787) |
| age | -0.0003 | -0.0006 | 0.0002 |
| | (-0.2164) | (-0.3505) | (0.0704) |
| soe | 0.0543*** | 0.0471*** | 0.0784*** |
| | (4.0243) | (2.8251) | (3.3405) |
| bighold | 0.0519* | 0.0537 | 0.0627 |
| | (1.7780) | (1.4991) | (1.2196) |
| duality | -0.0033 | -0.0009 | -0.0174 |
| | (-0.4382) | (-0.1026) | (-1.3415) |
| directors | -0.0019 | 0.0053 | -0.0101** |
| | (-0.7299) | (1.4820) | (-2.4596) |
| idratio | -0.0785 | 0.1283 | -0.2846*** |
| | (-1.2186) | (1.4115) | (-2.9783) |
| managerhold | 0.0450** | 0.0223 | 0.0919** |
| | (1.9835) | (0.8188) | (2.2694) |
| institutionhold | 0.0281 | -0.0311 | 0.1873* |
| | (0.4170) | (-0.3534) | (1.6785) |
| constant | 0.4819*** | 0.3063 | 0.8015*** |
| | (3.0226) | (1.5817) | (3.3730) |
| industry | control | control | control |
| Observations | 600 | 402 | 198 |
| F | 9.5973 | 7.1215 | 8.9136 |
| R-squared | 0.5345 | 0.5703 | 0.5644 |

注：*、**、*** 分别表示在10%、5%和1%的水平上显著，括号内为t值。

表 6－4 显示，全样本的回归结果中交互项 novelty × compete 的回归系数显著为正，显著性水平为 1%，而 novelty 本身的回归系数显著为负，显著性水平为 1%，两者是相反的。但由于 compete 本身是一个反向指标，其值越大表示产品市场竞争程度越小，因此这一回归结果说明随着产品市场竞争激烈程度的提升，新颖型商业模式倾向性水平与商业信用水平的负相关关系得到了一定程度的强化，假设 6－3 得到验证。传统行业组回归结果中交互项 novelty × compete 回归系数的绝对值和显著性与全样本相似。而互联网组回归结果中交互项 novelty × compete 回归系数虽然为正，但不具备显著性。本书认为，表 6－3 和表 6－4 中互联网组的回归结果均不显著可能是由于对于互联网相关行业的企业而言，其更为重视的是除商业信用外的其他融资方式如银行贷款、股权融资等，这也可以解释控制变量中有关企业规模、市场价值、董事会规模（社会网络）相关的变量是显著的原因。由于其他融资方式对商业信用产生了一定的替代作用，商业模式倾向性水平与商业信用之间的关联程度自然也就下降了。

### 6.3.4　股权性质对效率型商业模式倾向性与商业信用水平之间关系的调节效应

为检验假设 6－4，本书对以商业信用水平 TC 为被解释变量、效率型商业模式倾向性得分 efficiency 为解释变量、国有股权性质哑变量 soe 为调节变量的模型 6－3 进行 OLS 回归分析，结果如表 6－5所示。

表 6－5 显示，全样本的回归结果中交互项 efficiency × soe 的回归系数显著为负，显著性水平为 10%，而 efficiency 本身的回归系数显著为正，显著性水平为 1%，两者是相反的。这说明国有股权性质哑变量 soe 负向调节效率型商业模式倾向性与商业信用水平之间的关系，也即国有股权属性在企业对外获取商业信用时可以在一

**表 6－5　效率型商业模式倾向性、股权性质与商业信用水平**

| 变量 | 因变量：TC | | |
|---|---|---|---|
| | 全样本 | 传统行业组 | 互联网组 |
| | (10) | (11) | (12) |
| efficiency | 0.0073*** | 0.0079*** | 0.0045 |
| | (3.3701) | (2.8396) | (1.2083) |
| soe | 0.1231*** | 0.0856 | 0.1386** |
| | (2.8550) | (1.4143) | (2.2471) |
| efficiency × soe | -0.0122* | -0.0066 | -0.0118 |
| | (-1.7282) | (-0.6840) | (-1.0844) |
| size | -0.0119** | -0.0072 | -0.0265** |
| | (-1.9755) | (-0.9338) | (-2.5977) |
| roa | -0.0042 | 0.0008 | -0.0315 |
| | (-0.1782) | (0.0276) | (-0.8234) |
| lev | 0.2784*** | 0.2385*** | 0.3669*** |
| | (10.6131) | (7.3554) | (7.8849) |
| growth | -0.0038 | 0.0093 | -0.0304 |
| | (-0.3874) | (0.7786) | (-1.4741) |
| fix ratio | -0.0902** | -0.0774* | -0.1028 |
| | (-2.5004) | (-1.7368) | (-1.6261) |
| intangible ratio | -0.4148*** | -0.4221*** | -0.2553 |
| | (-4.4260) | (-3.8435) | (-1.2634) |
| liquidity | -0.0060*** | -0.0056** | -0.0046 |
| | (-3.2573) | (-2.3128) | (-1.6014) |
| cashholding | 0.0068 | 0.0404 | 0.0167 |
| | (0.1984) | (0.8730) | (0.3177) |
| cf | -0.0406 | -0.0311 | -0.0362 |
| | (-0.7364) | (-0.4413) | (-0.3882) |
| tobin q | -0.0015 | 0.0061 | -0.0218** |
| | (-0.2568) | (0.8265) | (-2.0240) |

续表

| 变量 | 因变量：TC | | |
|---|---|---|---|
| | 全样本 | 传统行业组 | 互联网组 |
| | (10) | (11) | (12) |
| age | -0.0003 | -0.0009 | 0.0002 |
| | (-0.2011) | (-0.4748) | (0.0901) |
| bighold | 0.0443 | 0.0390 | 0.0620 |
| | (1.5206) | (1.0849) | (1.2103) |
| duality | -0.0026 | 0.0009 | -0.0169 |
| | (-0.3432) | (0.1004) | (-1.3084) |
| directors | -0.0012 | 0.0054 | -0.0090** |
| | (-0.4597) | (1.4962) | (-2.1877) |
| idratio | -0.0585 | 0.1421 | -0.2654*** |
| | (-0.9086) | (1.5628) | (-2.7607) |
| managerhold | 0.0450** | 0.0260 | 0.0839** |
| | (1.9820) | (0.9505) | (2.0860) |
| institutionhold | 0.0251 | -0.0709 | 0.1978* |
| | (0.3715) | (-0.8033) | (1.7853) |
| constant | 0.3604** | 0.1209 | 0.7859*** |
| | (2.5124) | (0.6705) | (3.3576) |
| industry | control | control | control |
| Observations | 600 | 402 | 198 |
| F | 9.6814 | 7.1229 | 9.3263 |
| R-squared | 0.5323 | 0.5657 | 0.5640 |

注：*、**、*** 分别表示在 10%、5% 和 1% 的水平上显著，括号内为 t 值。

定程度上替代效率型商业模式的作用，假设 6-4 得到验证。传统行业组和互联网组的回归中交互项 efficiency × soe 的系数均为负但不显著，笔者推测可能是由于在细分样本时原本数量就相对较少的国有企业被进一步分散和稀释，因此其经济特征也会变得不再突出。

# 6.4 进一步研究

## 6.4.1 考虑市场地位的影响

买方市场理论（Fabbri 和 Menichini，2010；Giannetti 等，2010）是解释商业信用的一个重要视角。由于商业信用是企业在采购原材料、委托销货等经济事项中获得的，此时可以将企业置于价值链的一个中间位置，其向前对接下游的各个经销商及客户，向后则背靠各大原材料供应商。那么，从产业链或者价值链的角度来看，以下两个因素就对企业的商业信用水平存在关键的影响作用：一是市场地位，若企业的市场地位相对较高，在价值链内部的交易关系中处在强势地位，供应商及客户为了维持与企业之间的合作关系，会乐于向企业提供商业信用，并放宽延时付款或交货的期限和成本；二是纵向一体化程度，企业为确保关键原材料的供应以及关键经销商的支持可以通过并购的方式直接将其纳为己有，这样在产业链或价值链整体内部化的条件下，企业的商业信用水平自然会有所下降。由于在新颖型商业模式的评分系统中存在“产业链扩展程度”“并购和战略合作的实施程度”这类相关指标，因此以新颖型商业模式为主导的企业由于纵向一体化程度过高导致部分原有商业信用“内部化”可能是前文所没有提及的解释新颖型商业模式倾向性与商业信用水平之间负相关关系的原因。综合来看，有必要就企业在市场地位方面的差异如何影响商业模式与商业信用之间的关系问题展开探讨。本书预计当企业的市场地位相对较高时，不同类型商业模式的倾向性水平与商业信用之间的关系会表现得较为明显；而当企业的市场地位相对较低时，由于其自身获得商业信用的能力较差，那么通过进一步深化某一类商业模式的典型程度所能得到的增量影响也是有限的。

在具体衡量企业的市场地位方面，本书借鉴张新民等（2012）的研究，采用 x/X 的公式计算企业所处市场地位。公式中，x 为单一企业在某一年度的营业收入，而 X 为该年度行业内所有企业的营业收入之和，x/X 的值越大，则说明该企业在所处行业中的市场地位越高。这种市场地位的计算方式与行业收入赫芬达尔集中度的基础数据是相同的，两者之间的区别在于市场地位侧重于分析某一具体企业在市场中的竞争地位而非整个行业的竞争水平，因此对 x/X 不做平方加总处理，在实际应用时，也应注意按照行业进行相应的标准化处理。本书按照张新民等（2012）的做法，当企业的 x/X 值大于等于行业中位数时视为其具备较高的市场地位，market power 变量取值为 1；当企业的 x/X 值小于行业中位数时视其处在相对较低的市场地位，market power 变量取值为 0。按照 market power 的取值，可进一步将全部 600 家企业划分为市场地位高和市场地位低的分样本，并执行模型 6－1 的回归分析，结果如表 6－6 所示。

**表 6－6　不同市场地位下商业模式倾向性与商业信用水平之间的关系**

| 变量 | 因变量：TC | | | |
|---|---|---|---|---|
| | market power = 0 | | market power = 1 | |
| | (13) | (14) | (15) | (16) |
| efficiency | 0.0043 | | 0.0080*** | |
| | (1.3402) | | (2.7091) | |
| novelty | | －0.0028 | | －0.0070*** |
| | | (－1.0952) | | (－2.9247) |
| size | －0.0448*** | －0.0436*** | －0.0010 | 0.0025 |
| | (－3.4605) | (－3.3289) | (－0.1124) | (0.2667) |

续表

| 变量 | 因变量：TC | | | |
|---|---|---|---|---|
| | market power = 0 | | market power = 1 | |
| | (13) | (14) | (15) | (16) |
| roa | 0.0134 | 0.0173 | -0.0342 | -0.0522 |
| | (0.3786) | (0.4885) | (-0.9612) | (-1.4626) |
| lev | 0.2799*** | 0.2772*** | 0.2966*** | 0.2930*** |
| | (7.3066) | (7.1508) | (7.4365) | (7.3450) |
| growth | -0.0060 | -0.0045 | 0.0002 | 0.0001 |
| | (-0.3564) | (-0.2628) | (0.0158) | (0.0075) |
| fix ratio | -0.1220** | -0.1235** | -0.1619*** | -0.1831*** |
| | (-2.2785) | (-2.2798) | (-2.8943) | (-3.1852) |
| intangible ratio | -0.5845*** | -0.5911*** | -0.2026 | -0.2334* |
| | (-4.2517) | (-4.2952) | (-1.4423) | (-1.6674) |
| liquidity | -0.0071*** | -0.0071*** | -0.0015 | -0.0022 |
| | (-3.1660) | (-3.1483) | (-0.3808) | (-0.5654) |
| cashholding | 0.0407 | 0.0417 | -0.0350 | -0.0205 |
| | (0.9072) | (0.9297) | (-0.6100) | (-0.3575) |
| cf | -0.0060 | 0.0058 | -0.1028 | -0.0419 |
| | (-0.0766) | (0.0748) | (-1.1905) | (-0.4868) |
| tobin q | -0.0072 | -0.0069 | 0.0031 | 0.0029 |
| | (-0.7699) | (-0.7445) | (0.3606) | (0.3445) |
| age | -0.0005 | -0.0007 | 0.0007 | 0.0005 |
| | (-0.2302) | (-0.3028) | (0.3108) | (0.2222) |
| soe | 0.0605*** | 0.0581*** | 0.0367* | 0.0384* |
| | (3.2091) | (3.0731) | (1.7693) | (1.8550) |
| bighold | 0.0355 | 0.0331 | 0.0404 | 0.0501 |
| | (0.8433) | (0.7854) | (0.9215) | (1.1493) |
| duality | -0.0141 | -0.0147 | 0.0128 | 0.0135 |
| | (-1.3265) | (-1.3847) | (1.1276) | (1.1873) |

续表

| 变量 | 因变量：TC | | | |
|---|---|---|---|---|
| | market power = 0 | | market power = 1 | |
| | (13) | (14) | (15) | (16) |
| directors | -0.0049 | -0.0048 | 0.0022 | 0.0026 |
| | (-1.1439) | (-1.1273) | (0.6178) | (0.7337) |
| idratio | -0.0037 | -0.0064 | -0.1189 | -0.1158 |
| | (-0.0360) | (-0.0611) | (-1.3767) | (-1.3435) |
| managerhold | 0.0572 * | 0.0619 * | 0.0162 | 0.0062 |
| | (1.7922) | (1.9237) | (0.4682) | (0.1807) |
| institutionhold | -0.1429 | -0.1430 | 0.0674 | 0.0761 |
| | (-1.0152) | (-1.0140) | (0.8138) | (0.9212) |
| constant | 1.1224 *** | 1.1335 *** | 0.1058 | 0.1051 |
| | (3.7928) | (3.8302) | (0.4907) | (0.4899) |
| industry | control | control | control | control |
| Observations | 295 | 295 | 305 | 305 |
| F | 6.1439 | 6.1181 | 5.8818 | 5.9308 |
| R - squared | 0.5911 | 0.5901 | 0.5705 | 0.5725 |

注：*、**、*** 分别表示在 10%、5% 和 1% 的水平上显著，括号内为 t 值。

表 6-6 中，列（13）和列（14）为市场地位较低的分样本的回归结果，可以看出解释变量 efficiency 和 novelty 的回归系数均不显著，这说明当企业处在较低的市场地位时，商业模式倾向性无法对商业信用水平产生显著影响。结合控制变量中企业规模 size、股权性质 soe 回归系数的符号及显著性水平来看，有可能是债务融资的替代作用，以及国有企业的隐性制度保障削弱了商业模式倾向性与商业信用水平之间的关系。列（15）和列（16）是高市场地位分样本的回归结果，回归系数 efficiency 和 novelty 的符号与表 6-3 中全样本的回归结果一致但绝对值更大，且均在 1% 的水平上显

著。这说明当企业的市场地位相对较高时，商业模式倾向性水平与商业信用之间的关系会表现得更加明显，这与本书之前的预期是一致的。

### 6.4.2 不同商业模式倾向性水平下商业信用对短期银行借款替代效应的差异

自 Meltzer（1960）的开创性研究以来，商业信用一直被赋予的一个关键意义就是有效缓解了信贷配给的不利影响，使得通过正常融资渠道很难得到贷款支持的广大中小企业得以顺利完成各项生产经营活动。而在之后的实证研究中，尽管存在以 Cook（1999）为代表的主张商业信用与银行信用之间是互补关系的文献，但学术界几乎一面倒地支持商业信用对银行贷款的替代作用。那么，在不同的商业模式倾向性水平下，商业信用对短期银行借款的替代作用是否成立？替代强弱又是否存在显著区别？这是一个有待实证检验的命题。

为了检验上述命题，本书对模型 6 - 1 进行了适当的变换，用短期银行借款水平 short loan 替代解释变量 BM，同时在控制变量中删除了与其可能存在共线性的资本结构变量 lev，得到模型 6 - 4：

$$TC_{i,t} = \alpha + \beta_1 \times short\ loan_{i,t} + \beta_2 \times control\ variables_{i,t} + industry + \varepsilon \quad （模型 6-4）$$

模型 6 - 4 中，$short\ loan_{i,t}$ 即为企业 i 在第 t 年的短期借款水平，计算方式为短期银行借款除以总资产。控制变量 $control\ variables_{i,t}$ 除了剔除掉资本结构变量 lev 以外与模型 6 - 1 保持一致。此时需要重点关注的是回归系数 $\beta_1$，若商业信用与短期银行贷款之间存在较强的替代作用，则 $\beta_1$ 应显著为正。本书分别按照效率型商业模式倾向性得分 efficiency 和新颖型商业模式倾向性得分 novelty 的中位数将整体样本划分为四个子样本之后执行模型 6 - 4 的回归分析，结果如表 6 - 7 所示。

**表 6 – 7　不同商业模式倾向性水平下商业信用对短期银行借款替代效应的差异**

| 变量 | 因变量：TC | | | |
|---|---|---|---|---|
| | efficiency < 中位数 | efficiency > = 中位数 | novelty < 中位数 | novelty > = 中位数 |
| | (17) | (18) | (19) | (20) |
| short loan | -0. 2372 *** | -0. 1451 ** | -0. 1447 ** | -0. 1899 ** |
| | ( -3. 1609) | ( -2. 2028) | ( -2. 1244) | ( -2. 5198) |
| size | 0. 0089 | 0. 0071 | 0. 0149 | 0. 0047 |
| | (0. 9191) | (0. 7536) | (1. 5712) | (0. 4752) |
| roa | -0. 0886 ** | -0. 0748 ** | -0. 0555 | -0. 1611 *** |
| | ( -2. 2604) | ( -2. 0887) | ( -1. 4839) | ( -4. 0420) |
| growth | -0. 0011 | -0. 0167 | -0. 0120 | 0. 0037 |
| | ( -0. 0728) | ( -1. 0232) | ( -0. 7717) | (0. 2177) |
| fix ratio | -0. 1940 *** | -0. 0768 | -0. 0923 * | -0. 1246 ** |
| | ( -3. 0886) | ( -1. 4026) | ( -1. 7070) | ( -2. 0051) |
| intangible ratio | -0. 3790 *** | -0. 3798 ** | -0. 6233 *** | -0. 1839 |
| | ( -2. 6641) | ( -2. 3949) | ( -3. 8999) | ( -1. 2128) |
| liquidity | -0. 0244 *** | -0. 0178 *** | -0. 0183 *** | -0. 0185 *** |
| | ( -7. 1233) | ( -7. 9105) | ( -7. 7238) | ( -6. 0037) |
| cashholding | 0. 0014 | 0. 0150 | 0. 0196 | -0. 0342 |
| | (0. 0245) | (0. 2758) | (0. 3377) | ( -0. 6534) |
| cf | -0. 1067 | -0. 0595 | -0. 1919 ** | 0. 0580 |
| | ( -1. 0700) | ( -0. 7241) | ( -2. 2468) | (0. 5853) |
| tobin q | 0. 0086 | -0. 0064 | 0. 0073 | -0. 0064 |
| | (0. 9250) | ( -0. 6444) | (0. 7975) | ( -0. 6147) |
| age | -0. 0022 | -0. 0028 | -0. 0017 | -0. 0042 * |
| | ( -0. 8907) | ( -1. 2364) | ( -0. 7298) | ( -1. 6794) |
| soe | 0. 0766 *** | 0. 0326 | 0. 0439 ** | 0. 0769 *** |
| | (3. 4738) | (1. 5776) | (2. 1871) | (3. 2107) |

续表

| 变量 | 因变量：TC | | | |
|---|---|---|---|---|
| | efficiency < 中位数 | efficiency > = 中位数 | novelty < 中位数 | novelty > = 中位数 |
| | (17) | (18) | (19) | (20) |
| bighold | 0.1402*** | 0.0500 | 0.0381 | 0.1716*** |
| | (2.9742) | (1.0788) | (0.8490) | (3.4100) |
| duality | -0.0159 | 0.0087 | 0.0078 | -0.0306** |
| | (-1.3591) | (0.7043) | (0.6645) | (-2.4676) |
| directors | -0.0005 | -0.0050 | -0.0090** | 0.0039 |
| | (-0.1118) | (-1.2375) | (-2.1770) | (0.8857) |
| idratio | 0.1175 | -0.2319** | -0.2930*** | 0.0670 |
| | (1.1223) | (-2.2882) | (-2.6771) | (0.6633) |
| managerhold | 0.0894** | 0.0079 | 0.0072 | 0.0721* |
| | (2.4127) | (0.2182) | (0.2041) | (1.9085) |
| institutionhold | -0.1227 | 0.0297 | -0.1459 | 0.0714 |
| | (-1.1714) | (0.2661) | (-1.0987) | (0.6856) |
| constant | 0.1229 | 0.1231 | 0.1856 | 0.0516 |
| | (0.5366) | (0.5152) | (0.8236) | (0.2133) |
| industry | control | control | control | control |
| Observations | 272 | 328 | 297 | 303 |
| F | 5.1154 | 4.1923 | 4.4862 | 4.1602 |
| R - squared | 0.5303 | 0.4588 | 0.5114 | 0.4581 |

注：*、**、*** 分别表示在10%、5%和1%的水平上显著，括号内为t值。

表6-7中，列（17）至列（20）的回归结果均显示short loan的回归系数显著为负，显著性水平为1%。这说明无论在何种商业模式倾向性水平下，商业信用与短期银行借款之间均存在较强的替代关系。从回归系数的绝对值来看，替代效应由强到弱依次是efficiency中位数以下子样本、novelty中位数及以上子样本、efficiency

中位数及以上子样本、novelty 中位数以下子样本。考虑到 efficiency 和 novelty 之间存在显著的负相关关系（见第 4 章），可以认为以新颖型商业模式为主导的企业其商业信用对短期银行借款的替代效应要高于以效率型商业模式为主导的企业。这一结论在一定程度上解释了表 6 - 3 和表 6 - 4 中互联网组的相关回归结果不显著的原因：由于互联网组的平均 novelty 值高于传统行业组（见第 4 章），其短期银行贷款对商业信用的替代作用较强，那么对短期银行贷款的获取存在较大影响的因素可能会削弱商业模式倾向性与商业信用水平之间的相关关系。

## 6.5　稳健性检验

### 6.5.1　替换关键变量后的回归结果

与第 5 章相同，本章在替换关键变量的稳健性检验过程中使用了由组员评分的另一组商业模式倾向性得分数据作为稳健性检验回归的解释变量，替换商业模式变量后的稳健性检验结果如表 6 - 8 所示。

**表 6 - 8　替换商业模式评分的稳健性检验回归结果**

| 变量 | 因变量：TC | |
|---|---|---|
| | (21) | (22) |
| efficiency_ a | 0.0079 *** | |
| | (3.6658) | |
| novelty_ a | | -0.0042 ** |
| | | ( -2.5110) |

续表

| 变量 | 因变量：TC | |
|---|---|---|
| | (21) | (22) |
| constant | 0.3435** | 0.3768*** |
| | (2.3929) | (2.6172) |
| control variables | control | control |
| industry | control | control |
| Observations | 600 | 600 |
| F | 9.8902 | 9.6498 |
| R - squared | 0.5331 | 0.5270 |

注：*、**、*** 分别表示在10%、5%和1%的水平上显著，括号内为t值。变量 efficiency_ a 和 novelty_ a 为将小组成员评分整合所形成的效率型和新颖型商业模式倾向性得分。

表6-8的回归结果显示，在替换商业模式倾向性得分变量后，本章的实证检验中主回归分析所得出的结论依然是成立的，即效率型商业模式倾向性水平的提升与更高的商业信用水平显著相关，新颖型商业模式倾向性水平较高的企业其商业信用水平也会相对较低。

### 6.5.2 考虑遗漏变量后的回归结果

与第5章相同，由于以往文献证实区域金融发展水平会对企业商业信用的作用和功能构成一定的影响（余明桂和潘红波，2010；江伟和曾业勤，2013；王彦超，2014），因此本书将区域金融发展水平（financial market）作为遗漏变量加入至本章的主回归模型中。考虑遗漏变量后的回归结果如表6-9所示。

表6-9的回归结果显示，当以商业信用水平TC作为因变量时，financial market 虽然为负，但并不显著，这表明区域金融市场发展并未对样本企业的商业信用水平构成重要影响。在控制了区域

表 6－9　　考虑遗漏变量后的稳健性检验回归结果

| 变量 | 因变量：TC | |
|---|---|---|
| | (23) | (24) |
| efficiency | 0.0067 *** | |
| | (3.1456) | |
| novelty | | -0.0038 ** |
| | | (-2.2582) |
| financial market | -0.0018 | -0.0013 |
| | (-0.9822) | (-0.7177) |
| constant | 0.3851 *** | 0.3950 *** |
| | (2.6514) | (2.7030) |
| control variables | control | control |
| industry | control | control |
| Observations | 600 | 600 |
| F | 9.6132 | 9.4540 |
| R - squared | 0.5305 | 0.5263 |

注：*、**、*** 分别表示在 10%、5% 和 1% 的水平上显著，括号内为 t 值。变量 financial market 为以省和直辖市为口径计算的区域金融市场发展水平，数据取自王小鲁等（2017）编写出版的《中国分省份市场化指数报告（2016）》。

金融发展水平 financial market 后，列（23）和列（24）的回归结果依然是显著的，且系数方向并未发生改变，这表明本章实证研究中所得出的结论是比较稳健的。有关商业模式设计与企业融资决策之间反向因果关系的讨论已在第 5 章中进行了较为详细的阐述，在此不再赘述。

## 6.6　本章小结

本章考察了不同商业模式类型的倾向性对企业短期融资决策的

影响。通过构建相关回归模型、探讨调节效应、设计分样本研究情境等方法，本章获得了以下研究发现：效率型商业模式倾向性水平与商业信用水平显著正相关，且上述关系在传统行业企业中表现得更加明显；新颖型商业模式倾向性水平与商业信用水平显著负相关；产品市场竞争的激烈程度正向调节新颖型商业模式倾向性与商业信用水平之间的关系，而这一调节效应在传统行业企业中作用更强；国有股权性质反向调节效率型商业模式倾向性与商业信用水平之间的关系；两类商业模式倾向性水平与商业信用水平之间的显著相关关系在企业市场地位相对较强的条件下成立，在弱市场地位条件下不成立；整体上而言，我国创业板上市公司的商业信用与短期银行借款之间存在明显的替代效应，其中以新颖型商业模式为主导的企业其商业信用对短期银行借款的替代作用要高于以效率型商业模式为主导的企业。

# 第7章
# 结论与未来研究展望

## 7.1　研究结论

本书以我国创业板上市公司作为研究对象考察了效率型、新颖型两种商业模式类型的倾向性对企业融资决策的影响。在 Zott 和 Amit（2007，2008）的研究基础上，本书构建了一个可理解性、可操作性相对较强的商业模式倾向性评分体系，并设计出了配套的一系列严谨的、合理的数据复核机制。以通过这一评分体系所得到的效率型商业模式倾向性得分和新颖型商业模式倾向性得分为基础，本书考察了不同类型的商业模式倾向性水平如何影响企业的资本结构调整决策以及商业信用水平，研究发现：效率型商业模式倾向性水平越高，企业实际资本结构偏离目标资本结构的程度越大，新颖型商业模式倾向性水平越高，企业实际资本结构偏离目标资本结构的程度越小，上述相关关系在融资约束程度较高的企业样本中成立，在低融资约束条件下不成立；债务融资成本反向调节新颖型商业模式倾向性水平与资本结构偏离度之间的关系，无形资产比重正向调节效率型商业模式倾向性水平与资本结构偏离度之间的关系；整体上来看，我国创业板上市公司的资本结构调整速度处在一个偏小的水平，其中以新颖型商业模式为主导的企业其资本结构调整速度高于以效率型商业模式为主导的企业；效率型商业模式倾向性水平越高，企业的商业信用水平越高，新颖型商业模式倾向性水平越高，企业的商业信用水平越低，上述相关关系在企业处在较高的市场地位时成立，在低市场地位条件下不成立；产品市场竞争的激烈程度正向调节新颖型商业模式倾向性与商业信用水平之间的关系，国有股权性质反向调节效率型商业模式倾向性与商业信用水平之间的关系；整体上而言，我国创业板上市公司的商业信用与短期银行借款之间存在明显的替代效应，其中以新颖型商业模式为主导的企业其商业信用对短期银行借款的替代作用要高于以效率型商业模式为主导的企业。本书主要研究结论在实施了替换关键变量、加入可能的遗漏变量的稳健性测试程序后依然成立。

## 7.2 研究不足与未来研究方向展望

受创作时间、个人精力和研究水平所限，本书研究不可避免地存在一些问题：第一，研究样本偏少，尽管笔者前后共花费了五个月的时间带领四位小组成员进行商业模式的评分及复核工作，但由于具体评分过程涉及反复地讨论、确认和检查，2018 年 600 家企业的数据量已然是本书创作周期中所能达到的极限；第二，尽管已经对企业战略与商业模式之间的区别进行了较为详细的说明，但本书并未就企业战略、商业模式和融资决策三者之间的关系展开讨论，主要原因在于现有公司财务领域对企业战略的分类和计量大多是基于 Miles 和 Snow 于 1978 年提出的进攻型、防御型、观望型三分法所进行的，或者是以这些指标为基础计算出企业的战略差异度，这种战略划分方式无法与本书“效率型”“新颖型”两类商业模式形成有效对接，若参照 Zott 和 Amit（2008）对产品市场战略进行度量时采用的评分法则需要按照一个更大维度的评分量表和更复杂的评分程序开展相关评分工作，这在本书的创作周期中是难以完成的；第三，由于单一年度数据方面的局限，本书无法进行一些跨时期的检验，如利用外生事件进行前后对比研究，加入宏观货币政策的影响，或是捕捉商业模式变化时点的特征。但上述缺陷并不影响本书的研究意义和研究价值，从国内外研究的进展来看，本书是第一部系统探讨商业模式类型与企业融资决策这一问题的研究文献，研究成果可以对战略管理理论、商业模式理论、动态资本结构理论和商业信用理论构成有效补充。同时，本书研究可以为促进我国创新创业型企业制定正确的融资决策、提高外部投资者制定资本配置决策的效率、强化监管部门监控企业财务风险的能力等实践工作提供必要的理论支持和借鉴意义。

有关商业模式与企业融资决策之间的关系问题仍有很多可以拓展的空间，例如，进一步关注成熟企业不同商业模式的特征对企业资本结构或具体融资行为的影响，这就需要参照 Zott 和 Amit（2007，2008）或者本书改进后的商业模式评分体系设计出适合 A 股上市公司的商业模式评分标准。鉴于我国 A 股上市公司已逾 3000 家，对所有企业的商业模式进行评分无疑是一项庞大的工程，因此可先对计算机、医药、化学、生物等高科技板块企业实施评分，以考察不同的商业模式倾向性如何影响我国高新技术企业的融资决策。除此之外，还可以积极探索外部环境的变化或者海外投资、贸易逆全球化等热点经济问题对商业模式与融资决策之间关系的影响。总而言之，这是一个在未来具备充足前景和重要意义的研究方向。

# 参考文献

[1] 阿群．电子商务——信息时代的商业模式［J］．天津科技，1998（6）：26－29．

[2] 曹厚昌．论“开放式、多元化、经营型”的商业模式［J］．经济与管理研究，1985（1）：35－38．

[3] 迟晓英，宣国良．电子商业对企业价值链的挑战［J］．预测，2000（6）：23－27．

[4] 陈运森，王玉涛．审计质量、交易成本与商业信用模式［J］．审计研究，2010（6）：77－85．

[5] 程愚，孙建国，宋文文，岑希．商业模式、营运效应与企业绩效——对生产技术创新和经营方法创新有效性的实证研究［J］．中国工业经济，2012（7）：83－95．

[6] 程愚，孙建国．商业模式的理论模型：要素及其关系［J］．中国工业经济，2013（1）：141－153．

[7] 电子商务课题组．关于 B2B 商业模式的研究［J］．财贸经济，2000（10）：57－62．

[8] 董洁林，陈娟．互联网时代制造商如何重塑与用户的关系——基于小米商业模式的案例研究［J］．中国软科学，2015（8）：22－33．

[9] 冯华，陈亚琦．平台商业模式创新研究——基于互联网环境下的时空契合分析［J］．中国工业经济，2016（3）：99－113．

[10] 高闯，关鑫．企业商业模式创新的实现方式与演进机理——一种基于价值链创新的理论解释［J］．中国工业经济，2006

(11)：83－90.

[11] 黄培，陈俊芳．互联网企业的商业模式 [J]．企业改革与管理，2000 (10)：9－10.

[12] 黄辉．制度导向、宏观经济环境与企业资本结构调整——基于中国上市公司的经验证据 [J]．管理评论，2009，21 (3)：10－18.

[13] 黄继承，朱冰，向东．法律环境与资本结构动态调整 [J]．管理世界，2014 (5)：142－156.

[14] 胡保亮．商业模式、创新双元性与企业绩效的关系研究 [J]．科研管理，2015，36 (11)：29－36.

[15] 黄继承，姜付秀．产品市场竞争与资本结构调整速度 [J]．世界经济，2015 (7)：99－119.

[16] 黄兴孪，邓路，曲悠．货币政策、商业信用与公司投资行为 [J]．会计研究，2016 (2)：58－65.

[17] 黄世忠，黄晓韡．商业模式的角色地位亟待明确：从商业模式对会计的影响谈开去 [J]．商业会计，2018 (21)：6－8.

[18] 荆林波．B2B 商业模式的比较研究 [J]．IT 经理世界，2000 (S1)：43－47.

[19] 姜付秀，屈耀辉，陆正飞，李焰．产品市场竞争与资本结构动态调整 [J]．经济研究，2008 (4)：99－110.

[20] 姜付秀，黄继承．市场化进程与资本结构动态调整 [J]．管理世界，2011 (3)：124－134.

[21] 姜付秀，黄继承．CEO 财务经历与资本结构决策 [J]．会计研究，2013 (5)：27－34.

[22] 江龙，宋常，刘笑松．经济周期波动与上市公司资本结构调整方式研究 [J]．会计研究，2013 (7)：28－34.

[23] 江伟，曾业勤．金融发展、产权性质与商业信用的信号传递作用 [J]．金融研究，2013 (6)：89－103.

[24] 江积海，王烽权．O2O 商业模式的创新路径及其演进机理——品胜公司平台化转型案例研究［J］．管理评论，2017，29（9）：249－261.

[25] 孔宁宁，张新民，唐杰．我国高新技术企业战略、资本结构与绩效关系研究［J］．中国工业经济，2010（9）：112－120.

[26] 罗珉，曾涛，周思伟．企业商业模式创新：基于租金理论的解释［J］．中国工业经济，2005（7）：73－81.

[27] 李正．企业社会责任与企业价值的相关性研究——来自沪市上市公司的经验证据［J］．中国工业经济，2006（2）：77－83.

[28] 李维安，王世权．利益相关者治理理论研究脉络及其进展探析［J］．外国经济与管理，2007，29（4）：10－17.

[29] 连玉君，钟经樊．中国上市公司资本结构动态调整机制研究［J］．南方经济，2007（1）：23－38.

[30] 林毅夫，孙希芳，姜烨．经济发展中的最优金融结构理论初探［J］．经济研究，2009（8）：4－17.

[31] 刘仁伍，盛文军．商业信用是否补充了银行信用体系［J］．世界经济，2011（11）：103－120.

[32] 陆正飞，杨德明．商业信用：替代性融资，还是买方市场？［J］管理世界，2011（4）：6－14.

[33] 李长云．创新商业模式的机理与实现路径［J］．中国软科学，2012（4）：167－176.

[34] 雒敏，聂文忠．财政政策、货币政策与企业资本结构动态调整——基于我国上市公司的经验证据［J］．经济科学，2012（5）：18－32.

[35] 李飞，米卜，刘会．中国零售企业商业模式成功创新的路径——基于海底捞餐饮公司的案例研究［J］．中国软科学，2013（9）：97－111.

[36] 李文莲，夏健明．基于“大数据”的商业模式创新

[J]. 中国工业经济, 2013 (5): 83－95.

[37] 罗珉, 李亮宇. 互联网时代的商业模式创新: 价值创造视角 [J]. 中国工业经济, 2015 (1): 95－107.

[38] 李端生, 王东升. 基于财务视角的商业模式研究 [J]. 会计研究, 2016 (6): 63－69.

[39] 刘凯宁, 樊治平, 李永海, 戴相全. 基于价值链视角的企业商业模式选择方法 [J]. 中国管理科学, 2017, 25 (1): 170－180.

[40] 罗兴武, 项国鹏, 宁鹏, 程聪. 商业模式创新如何影响新创企业绩效? ——合法性及政策导向的作用 [J]. 科学学研究, 2017, 35 (7): 1073－1084.

[41] 刘刚. 创业企业商业模式的多层次结构创新——基于战略创业的欧宝聚合物案例分析 [J]. 中国工业经济, 2018 (11): 174－192.

[42] 李鸿磊. 基于价值创造视角的商业模式分类研究——以三个典型企业的分类应用为例 [J]. 管理评论, 2018, 30 (4): 257－272.

[43] 茅宁. 无形资产在企业价值创造中的作用与机理分析 [J]. 外国经济与管理, 2001, 23 (7): 2－8.

[44] 马浩. 战略管理研究: 40 年纵览 [J]. 外国经济与管理, 2019, 41 (12): 19－49.

[45] 倪义芳, 吴晓波. 论企业战略管理思想的演变 [J]. 经济管理, 2001 (6): 4－11.

[46] 屈耀辉. 中国上市公司资本结构的调整速度及其影响因素——基于不平行面板数据的经验分析 [J]. 会计研究, 2006 (6): 56－62.

[47] 饶品贵, 姜国华. 货币政策对银行信贷与商业信用互动关系影响研究 [J]. 经济研究, 2013 (1): 68－82.

[48] 任小勋, 乔晗, 黄稚渊, 何乐平, 汪寿阳. 商业模式钻石模型——平安金融旗舰店案例研究 [J]. 管理评论, 2015, 27

(11)：231－240.

［49］沈艺峰．资本结构理论史［M］．北京：经济科学出版社，1999.

［50］石晓军，张顺明，李杰．商业信用对信贷政策的抵消作用是反周期的吗？来自中国的证据［J］．经济学（季刊），2009，9(1)：213－236.

［51］石晓军，张顺明．商业信用、融资约束及效率影响［J］．经济研究，2010（1）：102－114.

［52］盛明泉，张敏，马黎珺，李昊．国有产权、预算软约束与资本结构动态调整［J］．管理世界，2012（3）：151－157.

［53］宋春光，李长云．基于顾客价值的商业模式系统构建——以移动信息技术为主要视角［J］．中国软科学，2013（7）：145－153.

［54］宋献中，吴一能，宁吉安．货币政策、企业成长性与资本结构动态调整［J］．国际金融研究，2014（11）：46－55.

［55］盛明泉，张春强，王烨．高管股权激励与资本结构动态调整［J］．会计研究，2016（2）：44－50.

［56］孙锐，周飞．企业社会联系、资源拼凑与商业模式创新的关系研究［J］．管理学报，2017，14（12）：1811－1818.

［57］史竹琴，蔡瑞林，朱先奇．智能生产共享商业模式创新研究［J］．中国软科学，2017（6）：130－139.

［58］童勇．资本结构的动态调整和影响因素［J］．财经研究，2004，30（10）：96－104.

［59］童盼，陆正飞．负债融资、负债来源与企业投资行为——来自中国上市公司的经验证据［J］．经济研究，2005（5）：75－84.

［60］谭伟强．商业信用：基于企业融资动机的实证研究［J］．南方经济，2006（12）：50－60.

[61] 唐跃军. 供应商、经销商议价能力与公司业绩——来自2005—2007年中国制造业上市公司的经验证据 [J]. 中国工业经济, 2009 (10): 67-76.

[62] 谭力文, 丁靖坤. 21世纪以来战略管理理论的前沿与演进——基于SMJ (2001—2012) 文献的科学计量分析 [J]. 南开管理评论, 2014, 17 (2): 84-94.

[63] 王之为. DELL的直接商业模式好在哪里 [J]. 今日电子, 1997 (10): 120-121.

[64] 王力. 网络时代的新型商业模式 [J]. 市场与电脑, 1999 (6): 25-27.

[65] 王正位, 赵冬青, 朱武祥. 资本市场磨擦与资本结构调整——来自中国上市公司的证据 [J]. 金融研究, 2007 (6): 109-119.

[66] 温素彬, 方苑. 企业社会责任与财务绩效关系的实证研究——利益相关者视角的面板数据分析 [J]. 中国工业经济, 2008 (10): 150-160.

[67] 王彦超, 林斌. 金融中介、非正规金融与现金价值 [J]. 金融研究, 2008 (3): 177-199.

[68] 王琴. 基于价值网络重构的企业商业模式创新 [J]. 中国工业经济, 2011 (1): 79-88.

[69] 魏江, 刘洋, 应瑛. 商业模式内涵与研究框架建构 [J]. 科研管理, 2012, 33 (5): 107-114.

[70] 魏炜, 朱武祥, 林桂平. 基于利益相关者交易结构的商业模式理论 [J]. 管理世界, 2012 (12): 125-131.

[71] 王彦超. 金融抑制与商业信用二次配置功能 [J]. 经济研究, 2014 (6): 86-99.

[72] 武光, 欧阳桃花, 姚唐. 战略性新兴产业情境下的企业商业模式动态转换: 基于太阳能光伏企业案例 [J]. 管理评论,

2015，27（11）：217－230.

［73］汪寿阳，敖敬宁，乔晗，杨一帆，胡毅，姜懋．基于知识管理的商业模式冰山理论［J］．管理评论，2015，27（6）：3－10.

［74］魏炜，胡勇，朱武祥．变革性高速成长公司的商业模式创新奇迹——一个多案例研究的发现［J］．管理评论，2015，27（7）：218－231.

［75］王小鲁，樊纲，余静文．中国分省份市场化指数报告（2016）［M］．北京：社会科学文献出版社，2017.

［76］吴超，饶佳艺，乔晗，胡毅，汪寿阳．基于社群经济的自媒体商业模式创新——“罗辑思维”案例［J］．管理评论，2017，29（4）：255－263.

［77］魏泽龙，宋茜，权一鸣．开放学习与商业模式创新：竞争环境的调节作用［J］．管理评论，2017，29（12）：27－38.

［78］王玲玲，赵文红，魏泽龙．因果逻辑和效果逻辑对新企业新颖型商业模式设计的影响：环境不确定性的调节作用［J］．管理评论，2019，31（1）：90－100.

［79］肖泽忠，邹宏．中国上市公司资本结构的影响因素和股权融资偏好［J］．经济研究，2008（6）：119－134.

［80］邢小强，全允桓，陈晓鹏．金字塔底层市场的商业模式：一个多案例研究［J］．管理世界，2011（10）：108－124.

［81］徐虹，林钟高，余婷，何亚伟．内部控制有效性、会计稳健性与商业信用模式［J］．审计与经济研究，2013（3）：65－73.

［82］夏清华，娄汇阳．商业模式刚性：组成结构及其演化机制［J］．中国工业经济，2014（8）：148－160.

［83］原磊．商业模式体系重构［J］．中国工业经济，2007（6）：70－79.

［84］原磊．国外商业模式理论研究评介［J］．外国经济与管理，2007，29（10）：17－25.

[85] 余明桂，潘红波．政府干预、法治、金融发展与国有企业银行贷款［J］．金融研究，2008（9）：1－22.

[86] 余明桂，潘红波．金融发展、商业信用与产品市场竞争［J］．管理世界，2010（8）：117－129.

[87] 于蔚，金祥荣，钱彦敏．宏观冲击、融资约束与公司资本结构动态调整［J］．世界经济，2012（3）：24－47.

[88] 姚明明，吴晓波，石涌江，戎珂，雷李楠．技术追赶视角下商业模式设计与技术创新战略的匹配——一个多案例研究［J］．管理世界，2014（10）：149－162.

[89] 杨德明，陆明．互联网商业模式会影响上市公司审计费用么［J］？审计研究，2017（6）：84－90.

[90] 云乐鑫，杨俊，张玉利．创业企业如何实现商业模式内容创新？——基于“网络—学习”双重机制的跨案例研究［J］．管理世界，2017（4）：119－137.

[91] 姚明明，吴东，吴晓波，范轶琳．技术追赶中商业模式设计与技术创新战略共演——阿里巴巴集团纵向案例研究［J］．科研管理，2017，38（5）：48－54.

[92] 杨德明，史亚雅．内部控制质量会影响企业战略行为么？——基于互联网商业模式视角的研究［J］．会计研究，2018（2）：69－75.

[93] 杨德明，刘泳文．“互联网＋”为什么加出了业绩［J］．中国工业经济，2018（5）：80－98.

[94] 杨德明，毕建琴．“互联网＋”、企业家对外投资与公司估值［J］．中国工业经济，2019（6）：136－153.

[95] 朱珠．早，还是晚？——企业应用电子商业的困境［J］．互联网周刊，1999（42）：11.

[96] 张杰．民营经济的金融困境与融资次序［J］．经济研究，2000（4）：3－10.

[97] 张军，金煜．中国的金融深化和生产率关系的再检测：1987—2001 [J]．经济研究，2005 (11)：34-45.

[98] 赵晶，关鑫，仝允桓．面向低收入群体的商业模式创新 [J]．中国工业经济，2007 (10)：5-12.

[99] 张新民，王珏，祝继高．市场地位、商业信用与企业经营性融资 [J]．会计研究，2012 (8)：58-65.

[100] 张杰，刘元春，翟福昕，芦哲．银行歧视、商业信用与企业发展 [J]．世界经济，2013 (9)：94-126.

[101] 郑军，林钟高，彭琳．高质量的内部控制能增加商业信用融资吗？——基于货币政策变更视角的检验 [J]．会计研究，2013 (6)：62-68.

[102] 张越，赵树宽．基于要素视角的商业模式创新机理及路径 [J]．财贸经济，2014 (6)：90-99.

[103] 张春雨，郭韬，刘洪德．网络嵌入对技术创业企业商业模式创新的影响 [J]．科学学研究，2018，36 (1)：167-175.

[104] 张新香，胡立君．商业模式动态演化机制：基于互联网业的多案例内容分析 [J]．科研管理，2018，39 (3)：110-121.

[105] 周飞，沙振权，孙锐．市场导向、资源拼凑与商业模式创新的关系研究 [J]．科研管理，2019，40 (1)：113-120.

[106] Ansoff, H. I. Corporate Strategy [M]. McGraw - Hill, New York, 1965.

[107] Andrews, K. R. The Concept of Corporate Strategy [M]. Richard D Irwin, New York, 1971.

[108] Alchian, A. A., Demsetz, H. Production, information costs, and economic organization [J]. The American Economic Review, 1972, 62 (5): 777-795.

[109] Ansoff, H. I. Strategic Management [M]. McMillan Press, London, 1979.

[110] Aupperle, K. E., Carroll, A. B. and Hatfield, J. D. An empirical examination of the relationship between corporate social responsibility and profitability [J]. The Academy of Management Journal, 1985, 28 (2): 446 - 463.

[111] Amit, R., Zott, C. Value creation in E - business [J]. Strategic Management Journal, 2001, 22 (6/7): 493 - 520.

[112] Atanasova, C., Wilson, N. Disequilibrium in the UK corporate loan market [J]. Journal of Banking & Finance, 2004, 28 (3): 595 - 614.

[113] Allen, F., Qian, J. and Qian, M. Law, finance, and economic growth in China [J]. Journal of Financial Economics, 2005, 77 (1): 57 - 116.

[114] Aspara, J., Hietanen, J. and Tikkanen, H. Business model innovation vs. replication: Financial performance implications of strategic emphases [J]. Journal of Strategic Marketing, 2010, 18 (1): 39 - 56.

[115] Ayyagari, M., Demirgüç - Kunt, A. and Maksimovic, V. Formal versus informal finance: Evidence from China [J]. The Review of Financial Studies, 2010, 23 (8): 3048 - 3097.

[116] Adner, R., Kapoor, R. Value creation in innovation ecosystems: How the structure of technological interdependence affects firm performance in new technology generations [J]. Strategic Management Journal, 2010, 31 (3): 306 - 333.

[117] Abdelkafi, N., Makhotin, S. and Posselt, T. Business model innovations for electric mobility: What can be learned from existing business model patterns [J]? International Journal of Innovation Management, 2013, 17 (1): 1 - 42.

[118] Achtenhagen, L., Melin, L. and Naldi, L. Dynamics of

business models - strategizing, critical capabilities and activities for sustained value creation [J]. Long Range Planning, 2013, 46 (6): 427 -442.

[119] Berle, A., Means, G. The Modern Corporate and Private Property [M]. MacMillan, New York, 1932.

[120] Barnard, C. I. Functions of the Executive [M]. Cambridge, MA: Harvard University Press, 1938.

[121] Bellman, R., Clark, C. E., Malcolm, D. G., Craft, C. J. and Ricciardi, F. M. On the construction of a multi - stage, multi - person business game [J]. Operations Research, 1957, 5 (4): 469 -503.

[122] Baxter, N. D. Leverage, risk of ruin and the cost of capital [J]. The Journal of Finance, 1967, 22 (3): 395 -403.

[123] Brennan, M. J., Schwartz, E. S. Finite difference methods and jump processes arising in the pricing of contingent claims: A synthesis [J]. The Journal of Financial and Quantitative Analysis, 1978, 13 (3): 461 -474.

[124] Bernnan, M. J., Maksimovic, V. and Zechner, J. Vendor financing [J]. The Journal of Finance, 1988, 43 (5): 1127 -1141.

[125] Barney, J. B. Firm resources and sustained competitive advantage [J]. Journal of Management, 1991, 17 (1): 99 -120.

[126] Burt, R. Structural Holes [M]. Cambridge, MA: Harvard University Press, 1992.

[127] Blair, M. M. Ownership and Control: Rethinking Corporate Governance for the Twenty - First Century [M]. Washington: the Brookings Institution, 1995.

[128] Blair, M. M. Wealth Creation and Wealth Sharing: A Colloquium on Corporate Governance and Investments in Human Capital

[M]. Washington D C: Brookings Institute, 1996.

[129] Biais, B., Gollier, C. Trade credit and credit rationing [J]. The Review of Financial Studies, 1997, 10 (4): 903 - 937.

[130] Blair, M. M., Stout, L. A. Response to Peter C. Kostant's "Exit, voice and loyalty in the course of corporate governance and counsel's changing role" [J]. The Journal of Socio - Economics, 1999, 28 (3): 251 - 253.

[131] Baker, M., Wurgler J. Market timing and capital structure [J]. The Journal of Finance, 2002, 57 (1): 1 - 32.

[132] Burkart, M., Ellingsen, T. In - kind finance: A theory of trade credit [J]. The American Economic Review, 2004, 94 (3): 569 - 590.

[133] Byoun, S. How and when do firms adjust their capital structures toward targets [J]? The Journal of Finance, 2008, 63 (6): 3069 - 3096.

[134] Bessler, W., Drobetz, W. and Kazemieh, R. Factors affecting capital structure decisions. In Baker, H. K. and Martin, G. S. (ed). Capital Structure and Corporate Financing Decisions: Theory, Evidence, and Practice [M]. John Wiley & Sons, 2011.

[135] Bentley, K. A., Omer, T. C., and Sharp, N. Y. Business strategy, financial reporting irregularities, and audit effort [J]. Contemporary Accounting Research, 2013, 30 (2): 780 - 817.

[136] Bessler, W., Drobetz, W., Haller, R. and Meier, I. The international zero - leverage phenomenon [J]. Journal of Corporate Finance, 2013, 23: 196 - 221.

[137] Coase, R. H. The nature of the firm [J]. Economica, 1937, 4 (16): 386 - 405.

[138] Cronbach, L. J. Coefficient Alpha and the Internal

Structure of Tests [J]. Psycometrika, 1951, 16 (3): 297 -334.

[139] Chandler, A. Strategy and Structure: Chapters in the History of the Industrial Enterprise [M]. MIT Press, Cambridge, MA, 1962.

[140] Cornell, B., Shapiro, A. C. Corporate stakeholders and corporate finance [J]. Financial Management, 1987, 16 (1): 5 -14.

[141] Cool, K., Schendel, D. Performance differences among strategic group members [J]. Strategic Management Journal, 1988, 9 (3): 207 -223.

[142] Clarkson M. A risk - based model of stakeholder theory [C]. Proceedings of the Toronto Conference on Stakeholder Theory, Toronto, Canada: Center for Corporate Social Performance and Ethics, University of Toronto, 1994.

[143] Calomiris, C. W., Himmelberg, C. P. and Wachtel, P. Commercial paper, corporate finance, and the business cycle: a microeconomic perspective [J]. Carnegie - Rochester Conference Series on Public Policy, 1995, 42: 203 -250.

[144] Cook, L. D. Trade credit and bank finance: Financing small firms in Russia [J]. Journal of Business Venturing, 1999, 14 (5 -6): 493 -518.

[145] Chesbrough, H., Rosenbloom, R. S. The role of the business model in capturing value from innovation: evidence from Xerox Corporation's technology spin - off companies [J]. Industrial and Corporate Change, 2002, 11 (3): 529 -555.

[146] Chesbrough, H. W. Business model innovation: It's not just about technology anymore [J]. Strategy and Leadership, 2007, 35 (6): 12 -17.

[147] Cuñat, V. Trade credit: Suppliers as debt collectors and

insurance providers [J]. The Review of Financial Studies, 2007, 20 (2): 491 - 527.

[148] Cull, R., Xu, L. C. and Zhu, T. Formal finance and trade credit during China's transition [J]. Journal of Financial Intermediation, 2009, 18 (2): 173 - 192.

[149] Casadesus - Masanell, R., Ricart, J. E. From strategy to business models and onto tactics [J]. Long Range Planning, 2010, 43 (2 - 3): 195 - 215.

[150] Cook, D. O., Tang, T. Macroeconomic conditions and capital structure adjustment speed [J]. Journal of Corporate Finance, 2010, 16 (1): 73 - 87.

[151] Casadesus - Masanell, R., Ricart, J. E. How to design a winning business model [J]. Harvard Business Review, 2011, 89 (1/2): 100 - 107.

[152] Cucculelli, M., Bettinelli, C. Business models, intangibles and firm performance: Evidence on corporate entrepreneurship from Italian manufacturing SMEs [J]. Small Business Economics, 2015, 45 (2): 329 - 350.

[153] Donaldson, T., Preston, L. E. The stakeholder theory of the corporation: Concepts, evidence, and implications [J]. The Academy of Management Review, 1995, 20 (1): 65 - 91.

[154] Deloof, M., Jegers, M. Trade credit, product quality, and intragroup trade: Some European evidence [J]. Financial Management, 1996, 25 (3): 33 - 43.

[155] Danielson, M. G., Scott, J. A. Additional evidence on the use of trade credit by small firms: The role of trade credit discounts [W]. Mimeo, Fox School of Business and Management, Temple University, 2000.

[156] Demirgüç - Kunt, A. , Maksimovic, V. Firms as financial intermediaries: Evidence from trade credit data [W]. Mimeo, World Bank, 2002.

[157] Drobetz, W. , Wanzenried, G. What determines the speed of adjustment to the target capital structure [J]? Applied Financial Economics, 2006, 16 (13): 941 - 958.

[158] Demil, B. , Lecocq, X. Business model evolution: In search of dynamic consistency [J]. Long Range Planning, 2010, 43 (2 - 3): 227 - 246.

[159] Deshler, R. , Smith, K. Making business model innovation stick [J]. People & Strategy, 2011, 34 (4): 18 - 23.

[160] Emery, G. W. A pure financial explanation for trade credit [J]. The Journal of Financial and Quantitative Analysis, 1984, 19 (3): 271 - 285.

[161] Evans, J. D. , Johnson, R. O. Tools for managing early - stage business model innovation [J]. Research Technology Management, 2013, 56 (5): 52 - 56.

[162] Ferris, J. S. A Transactions theory of trade credit use [J]. The Quarterly Journal of Economics, 1981, 96 (2): 243 - 270.

[163] Fama, E. F. , Jensen, M. C. Agency problems and residual claims [J]. The Journal of Law & Economics, 1983, 26 (2): 327 - 349.

[164] Freeman, E. Strategic Management: A Stakeholder Approach [M]. Cambridge University Press, Boston, 1984.

[165] Fischer, E. O. , Heinkel, R. and Zechner, J. Dynamic capital structure choice: Theory and tests [J]. The Journal of Finance, 1989, 44 (1): 19 - 40.

[166] Freeman, R. E. , Evan, W. M. Corporate governance: A

stakeholder interpretation [J]. Journal of Behavioral Economics, 1990, 19 (4): 337-359.

[167] Freeman, R. E., Liedtka, J. Corporate social responsibility: A critical approach [J]. Business Horizons, 1991, 34 (4): 92-98.

[168] Fisman, R. Trade credit and productive efficiency in developing countries [J]. World Development, 2001, 29 (2): 311-321.

[169] Fisman, R., Love, I. Trade credit, financial intermediary development, and industry growth [J]. The Journal of Finance, 2003, 58 (1): 353-374.

[170] Fisman, R., Raturi, M. Does competition encourage credit provision? Evidence from African trade credit relationships [J]. The Review of Economics and Statistics, 2004, 86 (1): 345-352.

[171] Flannery, M. J., Rangan, K. P. Partial adjustment toward target capital structures [J]. Journal of Financial Economics, 2006, 79 (3): 469-506.

[172] Faulkender, M., Flannery, M. J., Hankins, K. W. and Smith, J. M. Do adjustment costs impede the realization of target capital structure [C]? AFA 2008 New Orleans Meetings Paper, 2008.

[173] Fabbri, D., Klapper, L. F. Trade credit supply, market power and the matching of trade credit terms [W]. World Bank Working Paper, 2008.

[174] Fabbri, D., Menichini, A. M. C. Trade credit, collateral liquidation, and borrowing constraints [J]. Journal of Financial Economics, 2010, 96 (3): 413-432.

[175] Faulkender, M., Flannery M. J., Hankins K. W. and Smith J. M. Cash flows and leverage adjustments [J]. Journal of Financial Economics, 2012, 103 (3): 632-646.

[176] Foss, N. J., Saebi, T. Fifteen years of research on business model innovation: How far have we come, and where should we go [J]? Journal of Management, 2017, 43 (1): 200 - 227.

[177] Grossman, S., Hart, O. Corporate financial structure and managerial incentives. In McCall, J. J. (ed). The Economics of Information and Uncertainty [M]. University of Chicago Press. 1982.

[178] Granovetter, M. Economic action and social structure: The problem of embeddedness [J]. American Journal of Sociology, 1985, 91 (3): 481 - 510.

[179] Grossman, S. J., Hart, O. The costs and benefits of ownership: A theory of vertical and lateral integration [J]. Journal of Political Economy, 1986, 94 (4): 691 - 719.

[180] Griffin, J. J., Mahon, J. F. The corporate social performance and corporate financial performance debate: Twenty - five years of incomparable research [J]. Business & Society, 1997, 36 (1): 5 - 31.

[181] Graham, J. R., Harvey C. R. The theory and practice of corporate finance: evidence from the field [J]. Journal of Financial Economics, 2001, 60 (2 - 3): 187 - 243.

[182] George, P., Marc, C. IBM's global CEO report 2006: business model innovation matters [J]. Strategy & Leadership, 2006, 34 (5): 34 - 40.

[183] Guariglia, A., Mateut, S. Credit channel, trade credit channel, and inventory investment: Evidence from a panel of UK firms [J]. Journal of Banking & Finance, 2006, 30 (10): 2835 - 2856.

[184] Ge, Y. and Qiu, J. Financial development, bank discrimination and trade credit [J]. Journal of Banking & Finance, 2007, 31 (2): 513 - 530.

[185] Giannetti, M., Burkart, M. and Ellingsen, T. What you sell is what you lend? Explaining trade credit contracts [J]. The Review of Financial Studies, 2011, 24 (4): 1261 - 1298.

[186] Hambrick D. C., Mason, P. A. Upper echelons: The organization as a reflection of its top managers [J]. The Academy of Management Review, 1984, 9 (2): 193 - 206.

[187] Hart, O., Moore, J. Property rights and the nature of the firm [J]. Journal of Political Economy, 1990, 98 (6): 1119 - 1158.

[188] Hite, J. M., Hesterly, W. S. The evolution of firm networks: From emergence to early growth of the firm [J]. Strategic Management Journal, 2001, 22 (3): 275 - 286.

[189] Huang, R., Ritter, J. R. Testing theories of capital structure and estimating the speed of adjustment [J]. The Journal of Financial and Quantitative Analysis, 2009, 44 (2): 237 - 271.

[190] Hadlock, C. J., Pierce, J. R. New evidence on measuring financial constraints: Moving beyond the KZ index [J]. The Review of Financial Studies, 2010, 23 (5): 1909 - 1940.

[191] Hess, A. M., Rothaermel, F. T. When are assets complementary? Star scientists, strategic alliances, and innovation in the pharmaceutical industry [J]. Strategic Management Journal, 2011, 32 (8): 895 - 909.

[192] Huang, H., Lai, M., Kao, M. and Chen, Y. Target costing, business model innovation, and firm performance: An empirical analysis of Chinese firms [J]. Canadian Journal of Administrative Sciences, 2012, 29 (4): 322 - 335.

[193] Holm, A. B., Günzel, F. and Ulhøi, J. P. Openness in innovation and business models: Lessons from the newspaper industry [J]. International Journal of Technology Management, 2013, 61 (3 -

4): 324 - 348.

[194] Huang, H., Lai, M., Lin, L., and Chen, C. Overcoming organizational inertia to strengthen business model innovation: An open innovation perspective [J]. Journal of Organizational Change Management, 2013, 26 (6): 977 - 1002.

[195] Higgins, D., Omer, T. C., and Phillips J. D. The influence of a firm's business strategy on its tax aggressiveness [J]. Contemporary Accounting Research, 2015, 32 (2): 674 - 702.

[196] Ittner, C. D., Larcker, D. F. and Rajan, M. V. The choice of performance measures in annual bonus contracts [J]. The Accounting Review, 1997, 72 (2): 231 - 255.

[197] Jensen, M. C., Meckling, W. H. Theory of the firm: Managerial behavior, agency costs and ownership structure [J]. Journal of Financial Economics, 1976, 3 (4): 305 - 360.

[198] Jensen, M. C., Ruback, R. S. The market for corporate control: The scientific evidence [J]. Journal of Financial Economics, 1983, 11 (1 - 4): 5 - 50.

[199] Jensen, M. C. Agency costs of free cash flow, corporate finance, and takeovers [J]. The American Economic Review, 1986, 76 (2): 323 - 329.

[200] Jarillo, J. C. On strategic networks [J]. Strategic Management Journal, 1988, 9 (1): 31 - 41.

[201] Johnson, M. W., Christensen, C. M. and Kagermann, H. Reinventing your business model [J]. Harvard Business Review, 2008, 86 (12): 50 - 59.

[202] Kraus, A., Litzenberger, R. H. A state - preference model of optimal financial leverage [J]. The Journal of Finance, 1973, 28 (4): 911 - 922.

[203] Konczal, E. F. Models are for managers, not mathematicians [J]. Journal of Systems Management, 1975, 26 (1): 12 – 15.

[204] Kohler, M., Britton, E. and Yates, A. Trade credit and the monetary transmission mechanism [W]. Bank of England Working Paper no. 115, 2000.

[205] Kim, S. K., Min, S. Business model innovation performance: When does adding a new business model benefit an incumbent [J]? Strategic Entrepreneurship Journal, 2015, 9 (1): 34 – 57.

[206] Learned, E. P., Christensen, C. R., Andrews, K. R. and Guth, W. D. Business Policy: Text and Cases [M]. Homewood, IL: Richard D. Irwin Levitt, 1965.

[207] La Porta, R., Lopez – de – Silanes, F., Shleifer, A. and Vishny, R. W. Law and finance [J]. Journal of Political Economy, 1998, 106 (6): 1113 – 1155.

[208] La Porta, R., Lopez – de – Silanes, F. and Shleifer, A. Corporate ownership around the world [J]. The Journal of Finance, 1999, 54 (2): 471 – 517.

[209] Lòòf, H. Dynamic optimal capital structure and technical change [J]. Structural Change and Economic Dynamics, 2004, 15 (4): 449 – 468.

[210] Langlois, R. N. The entrepreneurial theory of the firm and the theory of the entrepreneurial firm [J]. Journal of Management Studies, 2007, 44 (7): 1107 – 1124.

[211] Love, I., Preve, L. A. and Sarria – Allende, V. Trade credit and bank credit: Evidence from recent financial crises [J]. Journal of Financial Economics, 2007, 83 (2): 453 – 469.

[212] Lemmon, M. L., Roberts, M. R. and Zender, J. F. Back to the beginning: Persistence and the cross – section of corporate capital

structure [J]. The Journal of Finance, 2008, 63 (4): 1575 - 1608.

[213] Leiponen, A., Helfat, C. E. Innovation objectives, knowledge sources, and the benefits of breadth [J]. Strategic Management Journal, 2010, 31 (2): 224 - 236.

[214] La Rocca, M. Capital structure and corporate strategy. In Baker, H. K. and Martin, G. S. (ed). Capital Structure and Corporate Financing Decisions: Theory, Evidence, and Practice [M]. John Wiley & Sons, 2011.

[215] Modigliani, F., Miller, M. H. The cost of capital, corporation finance, and the theory of investment [J]. The American Economic Review, 1958, 48 (3): 261 - 297.

[216] Meltzer, A. H. Mercantile credit, monetary policy, and size of firms [J]. The Review of Economics and Statistics, 1960, 42 (4): 429 - 437.

[217] Modigliani, F., Miller, M. H. Corporate income taxes and the cost of capital: A correction [J]. The American Economic Review, 1963, 53 (3): 433 - 443.

[218] Maurer, J. G. Readings in Organizational Theory: Open Systems Approaches [M]. Random House, New York, 1971.

[219] Myers, S. C. Determinants of corporate borrowing [J]. Journal of Financial Economics, 1977, 5 (2): 147 - 175.

[220] Miles, R. E., Snow C. C. Organizational Strategy, Structure and Process [M]. New York: McGraw - Hill, 1978.

[221] Myers, S. C., Majluf, N. S. Corporate financing and investment decisions when firms have information that investors do not have [J]. Journal of Financial Economics, 1984, 13 (2): 187 - 221.

[222] Mian, S. L., Smith, Jr., C. W. Accounts receivable management policy: Theory and evidence [J]. The Journal of Finance,

1992, 47 (1): 169 - 200.

[223] Moore, J. The Death of Competition: Leadership and Strategy in the Age of Business Ecosystems [M]. New York: Harper Business, 1996.

[224] Marotta, G. Does trade credit redistribution thwart monetary policy? Evidence from Italy [J]. Applied Economics, 1997, 29 (12): 1619 - 1629.

[225] Mitchell, R. K., Agle, B. R. and Wood, D. J. Toward a theory of stakeholder identification and salience: Defining the principle of who and what really counts [J]. The Academy of Management Review, 1997, 22 (4): 853 - 886.

[226] Mahadevan, B. Business models for Internet based E - commerce: An anatomy [J]. California Management Review, 2000, 42 (4): 55 - 69.

[227] Mendelson, H. Organizational architecture and success in the information technology industry [J]. Management Science, 2000, 46 (4): 513 - 529.

[228] Messmacher, M. The relationship between trade credit and investment in Mexico: 1998 - 2000 [D]. Mimeo, Conference on Financial Markets in Mexico, organized by the Center for Research on Economic Development and Policy Reform at Stanford University, 2001.

[229] Magretta, J. Why business models matter [J]. Harvard Business Review, 2002, 80 (5): 86 - 92.

[230] Miles, R. E., Snow C. C. Organizational Strategy, Structure, and Process [M]. Stanford, CA: Stanford University Press, 2003.

[231] Markides, C., Charitou, C. D. Competing with dual business models: A contingency approach [J]. Academy of

Management Executive, 2004, 18 (3): 22-36.

[232] Morris, M., Schindehutte, M. and Allen, J. The entrepreneur's business model: Toward a unified perspective [J]. Journal of Business Research, 2005, 58 (6): 726-735.

[233] Mateut, S., Bougheas, S. and Mizen, P. Trade credit, bank lending and monetary policy transmission [J]. European Economic Review, 2006, 50 (3): 603-629.

[234] Makri, M., Hitt, M. A. and Lane, P. J. Complementary technologies, knowledge relatedness, and invention outcomes in high technology mergers and acquisitions [J]. Strategic Management Journal, 2010, 31 (6): 602-628.

[235] Manso, G. Motivating innovation [J]. The Journal of Finance, 2011, 66 (5): 1823-1860.

[236] Massa, L., Tucci, C. and Afuah, A. A critical assessment of business model research [J]. Academy of Management Annals, 2017, 11 (1): 73-104.

[237] Nunnally, J. C. Psychometric Theory [J]. McGraw-Hill, New York, 1978.

[238] Nilsen, J. H. Trade credit and the bank lending channel [J]. Journal of Money, Credit and Banking, 2002, 34 (1): 226-253.

[239] Ono, M. Determinants of trade credit in the Japanese manufacturing sector [J]. Journal of the Japanese and International Economies, 2001, 15 (2): 160-177.

[240] Osterwalder, A., Pigneur, Y. and Tucci, C. L. Clarifying business models: Origins, present, and future of the concept [J]. Communications of the Association for Information Systems, 2005, 16: 1-25.

[241] Osterwalder, A., Pigneur, Y. Business Model Generation: A Handbook for Visionaries, Game Changers, and Challengers [M]. Wiley, New Jersey, 2010.

[242] Öztekin, Ö., Flannery, M. J. Institutional determinants of capital structure adjustment speeds [J]. Journal of Financial Economics, 2012, 103 (1): 88 - 112.

[243] Penrose, E. T. The Theory of the Growth of the Firm [M]. Oxford University Press, Oxford, 1959.

[244] Porter, M. E. Competitive Strategy [M]. The Free Press, New York, 1980.

[245] Porter, M. E. Competitive Advantage [M]. The Free Press, New York, 1985.

[246] Prahalad, C. K., Hamel, G. The core competence of the corporation [J]. Harvard Business Review, 1990, 68 (5 - 6): 79 - 91.

[247] Petersen, M. A., Rajan, R. G. Trade credit: Theories and evidence [J]. The Review of Financial Studies, 1997, 10 (3): 661 - 691.

[248] Porter, M. E. Competitive Strategy: Techniques for Analyzing Industries and Competitors [M]. Free Press, New York, 1998.

[249] Porter, M. E. Strategy and the Internet [J]. Harvard Business Review, 2001, 79 (3): 63 - 78.

[250] Pati, R. K., Nandakumar, M. K., Ghobadian, A., Ireland, R. D. and O'Regan, N. Business model design - performance relationship under external and internal contingencies: Evidence from SMEs in an emerging economy [J]. Long Range Planning, 2017, 51 (5): 750 - 769.

[251] Rhenman, E. Företagsdemokrati och företagsorganisation

[M]. Stockholm: Thule, 1964.

[252] Robichek, A. A., Myers, S. C. Problems in the theory of optimal capital structure [J]. The Journal of Financial and Quantitative Analysis, 1966, 1 (2): 1 - 35.

[253] Rubinstein, M. E. Corporate financial policy in segmented securities markets [J]. The Journal of Financial and Quantitative Analysis, 1973, 8 (5): 749 - 761.

[254] Ross, S. A. The determination of financial structure: The incentive - signalling approach [J]. The Bell Journal of Economics, 1977, 8 (1): 23 - 40.

[255] Rajan, R. G., Zingales, L. What do we know about capital structure? Some evidence from international data [J]. The Journal of Finance, 1995, 50 (5): 1421 - 1460.

[256] Rumelt, R. P. Good Strategy/Bad Strategy: the Difference and Why it Matters [M]. Crown Business, New York, 2011.

[257] Stinchcombe, A. Social structure and organizations. In March, J. G. (ed). Handbook of Organizations [M]. Rand McNally, Chicago, IL, 1965.

[258] Stiglitz, J. E. A re - examination of the Modigliani - Miller theorem [J]. The American Economic Review, 1969, 59 (5): 784 - 793.

[259] Schwartz, R. A. An economic model of trade credit [J]. The Journal of Financial and Quantitative Analysis, 1974, 9 (4): 643 - 657.

[260] Stiglitz, J. E. On the irrelevance of corporate financial policy [J]. The American Economic Review, 1974, 64 (6): 851 - 866.

[261] Scott, J. H. A theory of optimal capital structure [J]. The Bell Journal of Economics, 1976, 7 (1): 33 - 54.

[262] Schwartz, R. A., Whitcomb, D. K. Implicit transfers in the extension of trade credit. In Boulding, K. E. and Wilson, T. F. (ed). Redistribution through the Financial System: The Grants Economics of Money and Credit [M]. New York: Praeger, 1978.

[263] Smith, C. W., Warner, J. B. On financial contracting: An analysis of bond covenants [J]. Journal of Financial Economics, 1979, 7 (2): 117-161.

[264] Stiglitz, J. E., Weiss, A. Credit rationing in markets with imperfect information [J]. The American Economic Review, 1981, 71 (3): 393-410.

[265] Smith, J. K. Trade credit and informational asymmetry [J]. The Journal of Finance, 1987, 42 (4): 863-872.

[266] Summers, B., Wilson, N. An empirical investigation of trade credit demand [J]. International Journal of the Economics of Business, 2002, 9 (2): 257-270.

[267] Santos, J., Spector, B. and Van der Heyden, L. Toward a theory of business model innovation within incumbent firms [W]. Fontainebleau, France: INSEAD, 2009.

[268] Sorescu, A., Frambach, R. T., Singh, J., Rangaswamy, A. and Bridges, C. Innovations in retail business models [J]. Journal of Retailing, 2011, 87 (1): S3-S16.

[269] Titman, S. The effect of capital structure on a firm's liquidation decision [J]. Journal of Financial Economics, 1984, 13 (1): 137-151.

[270] Teece, D. J., Pisano, G. and Shuen, A. Dynamic capabilities and strategic management [J]. Strategic Management Journal, 1997, 18 (7): 509-533.

[271] Timmers, P. Business models for electronic markets [J].

Electronic Markets, 1998, 8 (2): 3 – 8.

[272] Tucker, R. B. Strategy innovation takes imagination [J]. Journal of Business Strategy, 2001, 22 (3): 23 – 27.

[273] Titman, S., Tsyplakov, S. A dynamic model of optimal capital structure [J]. Review of Finance, 2007, 11 (3): 401 – 451.

[274] Teece, D. J. Business models, business strategy and innovation [J]. Long Range Planning, 2010, 43 (2 – 3): 172 – 194.

[275] Tsuruta, D. How do small businesses finance their growth opportunities? —The case of recovery from the lost decade in Japan [J]. Managerial and Decision Economics, 2012, 33 (3): 189 – 210.

[276] Teece, D. J. Business models and dynamic capabilities [J]. Long Range Planning, 2018, 51 (1): 40 – 49.

[277] Voelpel, S. C., Leibold, M. and Tekie, E. B. The wheel of business model reinvention: how to reshape your business model to leapfrog competitors [J]. Journal of Change Management, 2004, 4 (3): 259 – 276.

[278] Van Horen, N. Do firms use trade credit as a competitiveness tool? Evidence from developing countries [W]. World Bank Working Paper, 2005.

[279] Warner, J. B. Bankruptcy costs: Some evidence [J]. The Journal of Finance, 1977, 32 (2): 337 – 347.

[280] Wernerfelt, B. The resource – based theory of the firm [J]. Strategic Management Journal, 1984, 5 (2): 171 – 180.

[281] Williamson, O. E. The Economic Institutions of Capitalism [M]. Free Press, New York, 1985.

[282] Wiseman, C. Strategic Information Systems [M]. McGraw – Hill Professional, 1988.

[283] Wilson, N., Summers, B. Trade credit terms offered by

small firms: Survey evidence and empirical analysis [J]. Journal of Business Finance & Accounting, 2002, 29 (3-4): 317-351.

[284] Wei, Z., Yang, D., Sun, B. and Gu, M. The fit between technological innovation and business model design for firm growth: evidence from China [J]. R&D Management, 2014, 44 (3): 288-305.

[285] Wirtz, B. W., Pistoia, A., Ullrich, S. and Göttel V. Business models: Origin, development and future research perspectives [J]. Long Range Planning, 2016, 49 (1): 36-54.

[286] Wei, Z., Song, X. and Wang, D. Manufacturing flexibility, business model design, and firm performance [J]. International Journal of Production Economics, 2017, 193: 87-97.

[287] Zott, C., Amit, R. Business model design and the performance of entrepreneurial firms [J]. Organization Science, 2007, 18 (2): 181-199.

[288] Zott, C., Amit, R. The fit between product market strategy and business model: implications for firm performance [J]. Strategic Management Journal, 2008, 29 (1): 1-26.

[289] Zott, C., Amit, R. and Massa, L. The business model: Recent developments and future research [J]. Journal of Management, 2011, 37 (4): 1019-1042.

# 后 记

时光荏苒，六年的时间转瞬即逝，遥想当年，自己满怀着期望和信心来到心目中的文科最高学府——中国人民大学攻读博士学位。在四年的学习过程中，自己逐渐从一名科研一线工作人员成长为可以独当一面的研究者，并有幸成为首都经济贸易大学会计学院的高校教师，这其中有着背后无数人的支持与帮助。中国人民大学为我提供了良好的科研环境、生活条件与各项资源，更为重要的是，母校一直在我们的身后作为我们的坚实后盾激励着我们不断前行，特别是在新冠肺炎疫情肆虐的毕业季，母校一直十分关心我们的人身安全、科研进度和就业情况，对于有困难的学生给予了无微不至的关怀和切实有效的帮助，也使我们得以顺利地完成最后的毕业论文、毕业答辩会和新单位入职手续等事关未来发展的重要环节。而我在中国人民大学攻读博士学位期间撰写的毕业论文也有幸获得了专著出版的机会，在本书即将出版发行之际，谨对所有支持和帮助过我的人表示衷心的感谢！

首先感谢我的导师支晓强教授，支老师是我所见过的为数不多的兼具个人魅力、战略眼光、学术思想与务实精神的老师。他在严格要求自己和学生的同时希望我们具备更多的可能性，受到这一指导方针的影响，我不仅提升了自身实证研究的设计能力，更是学会了如何进行高质量的案例文章、规范式文章的创作，并在关注学术论文的同时紧密把握实务界的企业发展动向，本书正是在这一学术理念的影响下所诞生的成果。生活中，支老师十分关心我的个人情况，在我过得最为艰难的一年及时与我沟通并为我指明了未来的发展方向，可以说，如果没有支老师的正确引导，我可能在很早的时候便放弃了在科研领域更进一步。在成为教师刚满两年的时间节点，我在总结过往经验的同时将继续以支老师为目标在探索知识、立德树人的道路上不断前行。

感谢一直以来支持和陪伴我的家人，我的父母年事已高，但一直为了支持我的学业而不断努力地为我营造更好的生活环境。无论是在经济上、精神上还是生活上，我的父母始终致力于给我提供最好的条件，也愿意倾听我最真实的声音。新冠肺炎疫情将毕业年的返校时间大大推后，这给了我在将近半年的时间里与父母相处的机会，也让我重新认识到了家人对我的重要意义。希望在疫情得到控制、春暖花开的未来时光里，二老的身体能够一直健健康康，我也会尽自己最大的努力为他们带来更好的生活条件。

感谢参与本书商业模式评分工作的四位师妹：王伯元、卞小妍、高家玙、舒婷。四位师妹在本书的创作过程中积极参与了商业模式评分的标准制定、过程执行和后期复核等工作，在工作态度严谨、工作效率较高的同时也表现出了优秀的专业素养，对本书得以在规定时间内完成做出了重要贡献。毕业已过去两年，我通过微信朋友圈得知四位师妹都已踏入新的工作岗位，祝福她们都能在未来赢得幸福的人生。

感谢我的私人好友王树彬，树彬是我的硕士室友，也是我所见过的转型最为成功的会计系学生，不仅在短短一年的时间里完成了从新闻学到会计学的专业跨跃，更是在三年之内拿到了注册会计师执业证书并获得签字权，这是十分难能可贵的。作为跨专业知识背景的高级人才，树彬所教给我的最为重要的一点就是要学会跳出本专业的知识框架去思考问题，不要盲目轻信专家或者权威的观点。每次小聚，我总能从他的身上获得一些在学校无法学到的专业知识或者人生哲理，这对我的科研工作非常有帮助，在本书的写作过程中，我亦得到了树彬提供的境外会计准则知识的有力协助。在参加工作后的这两年时间里，我们依旧保持着密切的联系，希望他能在新的工作单位获得更大的发展空间。

最后感谢首都经济贸易大学青年教师科研启动基金项目（XRZ2021061）对本书创作及出版的大力支持，感谢学院领导、行政老师的关心和帮助，也感谢中国财政经济出版社的樊清玉社长及各位编辑老师对本书出版工作的辛勤付出，希望我们都能拥有幸福快乐的明天！